# DÖNER

## Eine türkisch-deutsche Kulturgeschichte

*Eberhard Seidel*

# DÖNER

## Eine türkisch-deutsche Kulturgeschichte

Mit Illustrationen von Laura Fronterré

MÄRZ

# Inhalt

# 1. DER AUFSTIEG

»Mein Lieblingsessen in Deutschland ist der Döner Kebap!« Das gestand der Multimilliardär Elon Musk der Weltöffentlichkeit, als er gefragt wurde, was er an der deutschen Küche am meisten schätzt.

Nur wenige Monate vor diesem Bekenntnis unterzeichnete der Tesla-Chef am 12. November 2019 im Berliner Hotel Adlon die Absichtserklärung, seine Europafabrik vor den Toren Berlins zu bauen. Auf seinen Döner musste Musk bei den Verhandlungen in Berlins edelstem Hotel nicht verzichten. Seit August 2018 führt das Adlon den »türkischen Klassiker«, wie es auf der Speisekarte heißt. Nicht als Tellergericht, sondern im Fladenbrot, ganz so wie ihn das Volk auf den Straßen Berlins verzehrt. Damit ist der Döner in Deutschland ganz oben angekommen. Auch kulinarisch. Verfeinert ist die mit Kalbsrückenstreifen gefüllte Brottasche im Adlon mit Trüffelcreme und Rotkohl, und nicht wie ansonsten üblich mit Knoblauch-, scharfer oder Kräutersoße. Sechsundzwanzig Euro anstatt der sonst üblichen vier bis sechs Euro kostet das originelle Berlinvergnügen für die Besserverdienenden. Er ist damit auch der teuerste Döner Deutschlands. »Die Idee war«, so verkündet der

Küchendirektor des Adlon, Stephan Eberhard, »neue innovative Gerichte mit einem Twist zu kreieren«.

Neu und kreativ ist der Döner Kebap allenfalls für die gehobenen Stände. Für die Ärmeren ist der Döner aufgrund seines sagenhaften Preis-Leistungs-Verhältnisses seit bald 50 Jahren eine feste Säule ihres mühsamen Überlebenskampfes. Oder wie es der Journalist Ömer Erzeren einmal drastisch formulierte: »Der Markt verlangte nach einer Ware für die Abfütterung der Deklassierten, Ausgegrenzten, der Sozialhilfeempfänger.«

Es ist eine spannende, mitunter auch gefährliche Reise, die der Döner Kebap in 50 Jahren von seinen Ursprüngen in Berlin-Kreuzberg bis zu seinem Einzug in das Hotel Adlon zurückgelegt hat. Man kann sich über die Suche der Wohlhabenden nach dem immer neuen, authentischen Kick lustig machen. Man kann sich aber auch darüber freuen, dass diese deutsch-türkische Innovation, die von einfachen, ungelernten Arbeitern in jahrzehntelanger schweißtreibender Arbeit entwickelt wurde, nun auch Eingang in die Hochkultur gefunden hat. Der Döner ist Punk und Rock'n' Roll.

Die kulturelle Aneignung des neuen deutschen Volksgerichts durch die Reichen und Schönen erfolgte in einem Doppelschlag. Zeitgleich mit der Markteinführung des Döner Kebaps auf die Speisekarte des Hotel Adlon stellte das Modelabel Diesel anlässlich der letzten Berliner Bread & Butter-Modemesse im August 2018 die Kollektion »Diesel x Mustafa's Gemüse Kebap« vor. Bei dem aufreibenden Wettbewerb um Street Credibility in der Modewelt wollte Diesel mit dem »angesagtesten Label der Stadt Berlin« zusammenarbeiten. Und wo ist das zu finden? »Ganz einfach, dort wo sich die coolsten Menschen der Stadt in eine Schlange stellen«, verkündete Diesel in seiner Presseerklärung zu dieser ungewöhnlichen Kooperation. Und die spektakulärste und international bekannteste ist die Warteschlange vor »Mustafa's Gemüse Kebap« am Kreuzberger Mehringdamm. Zwei bis drei Stunden stehen dort allerdings nicht die Coolsten der Stadt für einen recht gewöhnlichen Chicken-Döner an. Es sind Touristen aus aller Welt, die die sozialen Medien befragen, wo Berlin besonders cool und authentisch ist. Der Erfolg von »Mustafa's Gemüse Kebap« ist ein Mythos, den trotz genialer Werbestrategie kein Mensch so richtig erklären kann.[1] Doch das letztlich Unerklärliche ist bekanntlich das Wesen eines jeden guten Mythos. Nur so viel sei an dieser Stelle verraten: Die Qualität ist es nicht, auch wenn ein Großteil der mehr als 4000 Bewertungen bei TripAdvisor genau dies behauptet. Ganz offensichtlich geht es beim Essen immer um mehr als um Geschmack, Qualität und Kalorien. Bei »Mustafa's Gemüse Kebap« scheint es auch wichtig zu sein, einer weltweit exklusiven Community anzugehören – der Mustafa-Gemeinde.

Döner Kebap und Big Money, das war mit Sicherheit nicht die Verbindung, die Kavita Meelu, eine Berlinerin mit britisch-indischen Wurzeln, im Sinn hatte, als sie sich 2016 mit einem enthusiastischen Aufruf an die Berliner Öffentlichkeit wandte: »Ich freue mich außerordentlich, das Line-up von Kebabistan, der Berliner Street Food Party des Jahres, bekanntgeben zu dürfen. Die spektakuläre Auswahl an Helden des Kebabs ist eine einzigartige Mischung aus Berliner Kebab-Meistern der alten Schule und New School Helden.« Es war eine Verheißung, die Kavita Meelu mit Kebabistan in die Welt setzte. In einem Art Manifest forderte sie die innovative und kreative Berliner Gastronomie- und Street-Food-Szene dazu auf, Inspirationen nicht nur außerhalb Deutschlands zu suchen: »Wir neigen dazu zu vergessen, dass wir in einer Stadt leben, die bereits über eine außerordentlich reiche und inspirierende Esskultur verfügt, die von einer großen Gruppe von Einwanderern mitgebracht wurde, die lange vor dem Mauerfall nach Berlin kamen. Das eine Lebensmittel, das sich als Vermächtnis dieser Food-Helden hervorhebt, ist eines, das lange genug im Schatten der Berliner Food-Szene verweilte. Sehr geehrte Damen und Herren, es ist Zeit, unsere LIEBE FÜR DEN KEBAB zu feiern!«

Hier sprach nicht irgendjemand. Es war die Ansage der Autorität der Berliner Food-Szene im Zeitalter vor Corona. Über Jahre mischte Kavita, wie sie in Berlin gemeinhin genannt wird, die Street-Food-Bewegung mit innovativen kulinarischen Veranstaltungen auf. Auf sie gehen die weltweit als Insidertipps bekannten Events wie der Street Food Thursday in der Markthalle Neun in Kreuzberg, Burgers & Hip Hop und viele weitere Food-Projekte wie Kitchensurfing zurück. 2016 wandte sie sich dem Döner Kebap zu. Ihr Ziel: Rehabilitierung eines in Verruf geratenen Produkts der Berliner Gastronomie. Diese Rehabilitierung ist allerdings ein steiniger und dorniger Weg, wie wir noch sehen werden.

Tatsächlich ist der Döner Kebap, so wie wir ihn in Deutschland kennen, eine Berliner Kreation. Fünfzig Jahre nach seiner Markteinführung durch Einwanderer aus der Türkei ist er das beliebteste Fast Food Deutschlands und erzielt Milliardenumsätze. Dennoch hängt ihm bis heute hartnäckig ein Schmuddelimage an. Auch für Kavita ist die mangelnde Qualitätsentwicklung des Döner Kebaps ein großes Rätsel: »Warum essen wir die gleichen Kebabs seit Jahrzehnten? Warum gibt es so wenig Qualitätsbewusstsein in der Welt des Kebabs? Was ist der Kebabtraum der Kinder der zweiten und dritten Generation von Immigranten? Gemeinsam mit Euch möchten wir eine Reise nach Kebabistan unternehmen, um die eine große Frage zu beantworten: Wie sieht der Kebab der Zukunft aus?«

Kebabistan war ein Erfolg. Und ein Beleg, dass viele Menschen mehr wollen als nur einen Döner. Die Hauptstadtpresse heftete sich an den vermeintlich neuen Trend und berichtete vom Festival, das von Tausenden jungen Berlinerinnen und Berlinern besucht wurde. »Ein Hinterhof am Moritzplatz, Security, Eintritt zwei Euro, es ist rappelvoll. Foodies und Hipster sitzen dicht gedrängt an Biertischen, umzingelt von improvisierten Ständen und Foodtrucks, vor denen sich lange Schlangen bilden. Bässe wummern, Rauch zieht in Schwaden über den Platz und über allem hängt der Duft von frisch Gegrilltem: Willkommen bei ›Kebabistan‹, dem interkulturellen Street-Food-Festival zur Rettung der Kebab-Kultur. Unter dem roten Zeltdach gibt es die thailändische Version eines Kebabs mit scharfem Salat aus gestampften rohen Bohnen, daneben eine vietnamesische aus am Drehspieß gegrilltem und mit Whiskey und Honig mariniertem Entrecote, dazwischen Ayran vom Fass.«[2]

Keine Frage, Essen ist zum Lifestyle geworden. In Städten wie Berlin, Hamburg, München, Leipzig, Frankfurt und Dresden, aber auch in der Provinz leben Millionen junger Menschen, deren Gedanken sich erstaunlich wenig um Sex, dafür umso mehr um das Essen drehen. Sie sind auf der Suche nach dem einen Café, dem spektakulären Street-Food-Markt, dem gesündesten Essen, dem außergewöhnlichen Restaurant. Döner Kebap als Modeereignis der Besserverdienenden, Döner Kebap als Event der qualitätsbewussten, ernährungskritischen, hippen Kreativklasse der Großstädte, das sind Entwicklungen, die in Ordnung, nein, die zu begrüßen sind. Denn bisweilen braucht es die Unterstützung der finanziell Etablierten, die kulturelle Aneignung durch gebildete und polyglotte Kreative, damit die gesellschaftlichen und kulturellen Innovationen, die in den Milieus der sozial Randständigen, der Arbeiterklasse, der Unterdrückten und Diskriminierten ihren Ausgang nahmen, ihre längst überfällige Anerkennung bekommen.

Bei der Fokussierung auf Bioprodukte, aufregende Präsentationen, erlesene Zutaten, exquisite Ausstattung der Restaurants und entspannte Atmosphäre sollte allerdings nicht vergessen werden, wie der Döner über die Deutschen kam. Die Geschichte des Döner Kebaps in Deutschland ist spannender als jeder Restaurantbesuch. Und natürlich kommt es dabei darauf an, wer die Geschichte erzählt: ein Dönerproduzent, eine Historikerin, ein Angehöriger der Mehrheitsgesellschaft, ein Mann, eine Frau, ein Alter oder ein Junger, oder ein Nachfahre türkischer oder griechischer Einwanderer.

Wer spricht, warum, und mit welcher Absicht? In Deutschland gibt es keine Tradition, dass Autoren sich verorten. Das ist ein großes Versäumnis. Vor allem in der Berichterstattung über Migration hat sich dieses Muster in den zurückliegenden Jahrzehnten etabliert: Migranten werden in aller Öffentlichkeit seziert, sie sollen bereitwillig Auskunft geben über ihr Leben, über ihre Familiengeschichten, kulturellen Traditionen, über ihre Akkulturation in die Moderne. Die deutschen Gesprächspartner dagegen verharren in voyeuristischer Neugier, wenn sie sich »dem Fremden«, »den Anderen« annähern, aber nur selten legen sie offen, wer sie selbst sind. Nur so konnte vor allem bezüglich der Einwanderer aus der Türkei der irre Eindruck entstehen, diese kämen aus rückständigen, patriarchalen und bäuerlichen Familien und ihre Gegenüber, die bei näherer Betrachtung doch recht provinziellen, ungelenken und gehemmten Kartoffeldeutschen, seien als Linke, Liberale, Gebildete und polyglotte Großstädter auf die Welt gekommen.

Was lange unangefochten galt, ändert sich in atemberaubender Geschwindigkeit. Offensichtlich wurde dies im Herbst 2021. Nicht mehr biodeutsche Journalisten und Wissenschaftler dominierten die Berichterstattung zum sechzigsten Jahrestag des Anwerbeabkommens zwischen Deutschland und der Türkei. Es waren überwiegend die Kinder und Enkelkinder der Eingewanderten, die heute in den Redaktionen oder an den Hochschulen arbeiten und Teil der Meinungs- und Bildungselite sind. Ihre Erzählungen waren, was zählte.

Wer wissen möchte, wie der Autor dieses Buches als Angehöriger eines bildungsfernen handwerklich-bäuerlichen Milieus in der unterfränkischen Provinz in den Fünfziger- und Sechzigerjahren herangewachsen ist, wie er und die Menschen in seiner Heimat tickten, als die ersten Einwanderer Anfang der Sechzigerjahre aus der Türkei nach Deutschland kamen, wie sich sein Leben seit den Siebzigerjahren durch den Umzug nach Berlin und den Bildungsaufstieg veränderte, kurz: wie seine Akkulturation in das Einwanderungsland Deutschland verlaufen ist, dem sei die Lektüre seines Buches *Unsere Türken. Annäherung an ein gespaltenes Verhältnis*[3] empfohlen.

Doch nun geht es erst einmal darum, zu erzählen, wie tiefgreifend der Döner Kebap dieses Land und uns Deutsche verändert hat.

* * *

»Der Junge muss nun völlig abgedriftet sein! Gibt es denn keine wichtigeren Themen? Damit verpasst der uns Türken doch wieder nur dieses glitschig-fette Döner- und exotische Bauchtanz-Image.« Zu Beginn meiner Dönerrecherchen in den Achtziger- und Neunzigerjahren erntete ich verständnislose Blicke. »Du wirst dir mit einer Reportage über den Döner Kebap schnell die Kritik der türkischen Intellektuellen einhandeln«, warnte eine türkische Gesprächspartnerin. Denn mit dem Dönerkonsum verhält es sich wie mit Bordellbesuchen: Hunderttausende tun es täglich, aber denen, die die Dienstleistung erbringen, wird die gesellschaftliche Anerkennung verwehrt. »Türkische Kultur ist mehr als Döner«, »Nicht nur Kebap und gekürzte Hosenbeine«, »Türken sind nicht nur Kebap-Verkäufer«, »Türkische Geschäftsleute haben mehr zu bieten als Döner Kebap«. So lauteten über viele Jahre die Schlagzeilen, wenn Deutsche[4] aufgerüttelt und bei ihrer vermeintlichen kulturellen Ignoranz gepackt werden sollten, ein türkischer Kulturverein[5] auf sein ambitioniertes Programm aufmerksam machen wollte, oder eine Ausländerinitiative[6] demonstrativ um Gehör für ihr politisches Anliegen bat.

Das gebrochene Verhältnis der türkischen Akademiker zum türkischen Exportschlager Nummer Eins lässt sich leicht erklären. Der Döner hat stärker als kulturelle Offensiven, Freundschaftsfeste und moralische sowie politische Appelle die interkulturelle Begegnung befördert. Das schmerzt, macht die eigene, bescheidene Bedeutung deutlich, stellt die Kleiderordnung infrage. Nicht in den Volkshochschulkursen und an den Stätten der Hochkultur, sondern an der Imbissbude kamen Hans und Mustafa ins Gespräch, reiften die Pläne für die erste Türkeireise, wurden die ersten türkischen Worte gelernt. Das gilt für den Osten des Landes noch mehr als den Westen. Wenn irgendjemand die Bürger der DDR nach 1990 lehrte, dass die Wiedervereinigung nicht nur die Deutschen in Ost und West betrifft, sondern auch die zwei, drei Millionen Einwanderer aus der Türkei, dann waren es eben jene einfachen Kebapcı, die Dönerverkäufer. Sie waren die Kundschafter. Sie wagten sich, kaum war die Mauer gefallen, in den Wilden Osten vor. Sie, und nicht die staatlich subventionierten und verbeamteten Integrationsspezialisten, bauten in der Gluthitze des Dönergrills Brücken der Verständigung. Tagtäglich stellten sie sich den neugierigen und immer gleichen Fragen ihrer Kundschaft: »Mehmed, wie ist das eigentlich bei euch da unten?« – »Heinz, glaubst du wirklich, dass wir da noch im Eselskarren durch die Gegend gurken? Fahr mal nach Antalya. So einen Urlaub, wie du ihn dort verbringen kannst, hast du noch nicht erlebt.«

Die Kebap-Verkäufer sind die wahren, da allgegenwärtigen Botschafter der türkischen Kultur. Für die deutsch-türkische Beziehung haben sie mehr geleistet als zum Beispiel wir, die Journalisten. 1996, als ich mit *Aufgespießt. Wie der Döner über die Deutschen kam* eine erste Kulturgeschichte des Döner Kebaps vorlegte, habe ich die Entwicklung so positiv gesehen. Es waren die Jahre Fünf und Vier nach den Terroranschlägen in Mölln und Solingen. Den Brandanschlägen fielen 1991 und 1992 türkische Familien zum Opfer. Acht Menschen, darunter Kinder, starben, dreißig wurden zum Teil schwer verletzt. Es war der vorläufige Höhepunkt einer langen Serie antitürkischer Gewalttaten.

Das Buch sollte einen Beitrag dazu leisten, die völkische Offensive im Zuge der Wiedervereinigung mit einer neuen Erzählung zu überwinden und ein neues Kapitel im Verhältnis zwischen Deutschen und Türken aufzuschlagen. Die Deutschen adoptierten den Döner Kebap und er wurde ihr beliebtestes Fast Food – vor der Pizza, vor der Currywurst und vor dem Hamburger. Diese Liebe kann doch nicht folgenlos sein, lautete die Botschaft. Oder um es in den Worten der Historikerin Maren Möhring einmal etwas akademischer auszudrücken: »Die besondere Bedeutung des Essens für die Identitätskonstruktion liegt darin begründet, dass die Nahrung in den eigenen Körper aufgenommen wird und damit im materiellen Sinne ein Teil des eigenen Selbst wird.«[7]

Der Optimismus schien berechtigt. Mit dem Antritt der rot-grünen Bundesregierung im Herbst 1998 bekannte sich Deutschland endlich zu dem, was nicht mehr zu leugnen war: Wir sind ein Einwanderungsland! Mit der Reform des Staatsangehörigkeitsrechts im Jahr 2000 wurden die Verhältnisse vom Kopf auf die Füße gestellt. Deutschsein war von nun an nicht mehr allein an Abstammung und das Blut gebunden. Deutsche und Deutscher konnte nun werden, wer in diesem Land geboren wurde, beziehungsweise dieses Land zum Lebensmittelpunkt für sich gemacht hatte. Es gab vor 25 Jahren viele Gründe, hoffnungsfroh in die Zukunft zu blicken. Das in der Dönerindustrie akkumulierte Kapital ermöglichte soziale Aufstiege. Mehr und mehr Kinder der »Gastarbeiter« studierten. Manche wurden erfolgreiche Anwälte, andere Journalisten und wieder andere entwickelten als Betriebswirte oder Veterinäre die Dönerproduktionen und Fast-Food-Imbisse ihrer Eltern weiter. Andere folgten den Fußstapfen ihrer Eltern und arbeiteten im Niedriglohnsektor.

35 Jahre nach ihrem Beginn im Oktober 1961 entwickelte sich die Einwanderung aus der Türkei zu einem Erfolgsmodell. Etwas Neues entstand mit dem Döner Kebap. Er war nicht mehr Türkisch und er war nicht Deutsch, er war etwas Hybrides. Zeitgleich mit dem Buch *Aufgespießt. Wie der Döner über die Deutschen kam* betrat Feridun Zaimoglu mit »Kanak Sprak« die Bühne und mischte von da an die deutschsprachige Literatur-

szene mit mutigen Romanen und spektakulären Theateraufführungen auf. Im gleichen Jahr wurde aus Şermin Özel Shermin Langhoff und etwas später die Intendantin des Maxim Gorki Theaters, welches sich unter ihrer Leitung zum Epizentrum der postmigrantischen Kulturszene entwickelte. 1998 gründete sich Kanak Attak, ein Zusammenschluss von klugen und selbstbewussten Menschen, die sich in ihrem Manifest ausdrücklich als »kein Freund von Mültikültüralizm« bezeichneten.[8] Sie kritisierten den dominanten Einwanderungsdiskurs um Multikultur als rassisfizierend und identitätspolitisch – als tendenziell rassistisch. Und mit Cem Özdemir saß der erste Abgeordnete mit türkischem Hintergrund im Deutschen Bundestag. Deutsch-Türken konnten von jetzt an alles sein: Steuerberater, Arbeiter, Unternehmer, Arbeitslose, Spekulanten, Kriminelle, Sozialhilfebezieher, Politiker, Künstler, Prostituierte, Eltern, Alleinerziehende, Schwule, Lesben, Schönheitsköniginnen, Gottlose, Muslime, Aleviten, Sunniten, Christen, Juden, Lasen, Kurden, Assyrer, Yeziden, Handwerker, Putzfrauen, Istanbuler, Anatolier, Dumme und Kluge, Eiferer und Pragmatiker, Mörder und Polizisten, Schriftsteller und Analphabeten – und auch Dönerimbissbetreiber. Nicht mehr und nicht weniger.

* * *

Das war vor dem 11. September 2001. Bevor aus den uns Altdeutschen[9] immer ähnlicher werdenden Deutsch-Türken plötzlich in den medialen Diskursen gefährlich fremde Muslime wurden. Das alles geschah, bevor der Begriff »Döner-Morde« von der Gesellschaft für deutsche Sprache zum Unwort des Jahres 2011 erklärt wurde. Zur Erinnerung: Sieben Jahre lang, zwischen 2000 und 2006, ermordeten Mitglieder des terroristischen »Nationalsozialistischen Untergrunds« (NSU) acht türkische und einen griechischen Kleinunternehmer und eine Polizistin, zündeten eine Nagel- und mindestens zwei Rohrbomben. Die Polizei vermutete bis zum 4. November 2011 Killer aus dem türkischen Drogenmilieu hinter diesen Morden und verbreitete diese Legende. 2005 prägte sie den Begriff »Döner-Morde«, der von der Presse übernommen wurde. Das alles fußte auf keinerlei Fakten, wie wir heute wissen, sondern allein auf rassistischen Vorurteilsstrukturen in Polizei und Presse.

Die Morde der Terrorgruppe »Nationalsozialistischer Untergrund« waren nach 1945 einer der gewaltsamsten Versuche des völkischen Milieus, in Deutschland eine ethnische Homogenität zu erzwingen. Der Terror richtete sich gezielt gegen Gewerbetreibende, die als Türkisch markiert wurden. Das ist kein Zufall, sondern politische Strategie, denn ihre Lebensmittelläden und Dönerimbisse sind der sichtbarste Beweis der Auflösung der ethnischen Homogenität durch Migration. Sie und ihre Familien sollten terrorisiert werden. Die Täter verzichteten auf Bekennerschreiben, sie wussten: Anders als die Behörden und die Vertreter der Mehrheitsgesellschaft verstehen die potenziellen Opfer, also die Angehörigen der türkischen Minderheit, die Intention ihrer Taten auch so – die Verbreitung von Verunsicherung, Angst und Terror. Das perverse Kalkül der Terroristen ging auf.

Die Terroristen des NSU folgten damit bereits in den Nullerjahren einer Strategie, die der rechtsextreme französische Philosoph Renaud Camus, ein Vordenker der rechtsextremen Front National (heute Rassemblement National), seit 2010 in seiner Schrift und Theorie des »Großen Austauschs« und der »Auflösung der Völker« propagiert – einem Bestseller in der rechtsextremen Identitären Bewegung Österreichs und Deutschlands. Camus fordert genau dies: Den Migranten das Leben, notfalls mit Gewalt, so unbequem wie möglich zu machen, um sie zum Verlassen des Landes zu zwingen. Auch der rechtsextreme Attentäter von Christchurch in Neuseeland, dem 51 Menschen zum Opfer fielen, und der Attentäter auf die Synagoge und den »Kiez-Döner« in Halle, Stephan Balliet, bezogen sich auf Renaud Camus.

Zehn Jahre nach der Selbstenttarnung des NSU, nach vernichteten Akten, toten Zeugen, verschwundenen Beweismitteln und dem offensichtlich mangelnden Willen zur Aufarbeitung des NSU-Komplexes gibt es viele Gründe, zornig zu sein. Zornig darüber, wie viele Opfer rechtsextremen Terrors seit 1949 in Deutschland, ähnlich der Morde des NSU, falsch interpretiert wurden. Es gibt nicht nur die unbestrittenen 213 Todesopfer rechter Gewalt seit 1990.[10] In den vierzig Jahren davor gab es ebenfalls Dutzende, Hunderte. Allerdings wurden viele von der Polizei nicht als Opfer rechtsextremistischer Gewalt erkannt. Und wenn doch ein rechter Terroranschlag als solcher ausgemacht wurde, wie die Ermordung des jüdischen Verlegers Shlomo Lewin und seiner Lebensgefährtin Frida Poeschke 1980 in Erlangen, oder der Brandanschlag im gleichen Jahr auf ein Flüchtlingswohnheim in Hamburg, bei dem zwei junge Vietnamesen, Ngoc Nguyen und Anh Lan Do, starben, dann hat das kollektive Gedächtnis die Opfer längst vergessen.

Die Mehrheitsgesellschaft blieb über Jahrzehnte angesichts rechtsextremer Gewalt stoisch gelassen. Und auch heute noch empfindet sie zivilgesellschaftliche Akteure, die nicht aufhören darauf hinzuweisen, sehr schnell als nervig, störend und in altdeutscher Denke als Querulanten. Dass sie auch anders kann, zeigen ihre völlig anders gelagerten Reaktionen auf den Terror der RAF zwischen 1971 und 1993. Es ist schlimm genug, dass man einen solchen Vergleich zumindest für die ersten 50, 60 Jahre der Bundesrepublik ziehen muss. Aber er lehrt: Die Mehrheit fühlt rechts. Wäre es anders, wäre vieles in der Bekämpfung des Rechtsextremismus anders gelaufen.

Der institutionelle Rassismus in den Behörden, ihr Bild von der türkischen Minderheit in Deutschland und, wie wir heute wissen, rechtsextreme Netzwerke in Polizei, Militär und Nachrichtendiensten, haben mit dazu beigetragen, den rassistischen Gehalt der Anschläge des NSU nicht zu verstehen. Die Bereitschaft der Mehrheitsgesellschaft und der Medien der von den Strafverfolgungsbehörden in die Welt gesetzten Legende einer türkischen Mafia willig zu folgen, erschüttert das Verhältnis der Deutschen mit Migrationsgeschichte aus der Türkei und Angehörigen der Mehrheitsgesellschaft bis heute. Viele Deutsch-Türken spürten in den Jahren vor der Selbstenttarnung des NSU, im Verlauf der »Döner-Morde«, welch tödlicher Rassismus da in Deutschland im Untergrund brodelt. Die Folge: Zwischen 2006 und dem Putschversuch in der Türkei im Jahr 2016 emigrierten mehr Deutsch-Türken in die Türkei, als von dort nach Deutschland einwanderten.

Ein unbeschwertes Reden über den Döner Kebap ist nach den »Döner-Morden« und der medialen Inszenierung einer »Döner-Mafia« (siehe Kapitel 5) nicht mehr möglich. Dennoch sollten wir uns dagegen wehren, dass unsere Narrative von den Rechten diktiert werden. Dieses Buch möchte den Döner Kebap der rassistischen Vereinnahmung entreißen. Es möchte ihm wieder den besonderen und ehrenvollen Platz in der Migrations- und der Nachkriegsgeschichte Deutschlands zuweisen, der ihm gebührt.

* * *

Um die Verdienste der Dönerproduzenten für die Ernährungslage in Deutschland im vollen Umfang zu würdigen, werfen wir einen kurzen Blick zurück: »Die jüngeren Einwanderer entbehren sehr ihre gewohnten, scharf gewürzten Speisen«, berichtete der Berliner *Tagesspiegel* im Juni 1956 mitfühlend.[11] Die Folgen waren besorgniserregend: »So kommt es, dass der Wirtschaftsstudent Vecdi Demirkol in zwei Jahren vierzehn Pfund abgenommen hat und – bei aller Liebe zu Berlin – schon Magenverstimmung bekommt, wenn er nur an das Berliner Essen denkt«. 1956 lebten in der Stadt einhundert Türken. Die Kaufleute, Wissenschaftler, Handwerker und Studenten vereinte das kulinarische Martyrium. Schutz- und alternativlos waren sie Eisbein, Erbsenpüree, Buletten, Sauerkraut, Kohlrouladen, Matjesfilet mit Pellkartoffeln, Curry- und Bockwürsten ausgesetzt. In den Lebensmittelgeschäften fehlte so ziemlich alles, was für den heimischen Speisezettel unentbehrlich war. Zucchini? – Fehlanzeige. Auberginen? – Unbekannt. Sucuk, Lokkum, Pide und Baklava? – Fremdworte. Joghurt, Schafskäse, Oliven, Lammfleisch? – Wenn man diese Produkte überhaupt finden konnte, werden sie zu astronomischen Preisen gehandelt. Zumindest sprengten sie den finanziellen Rahmen eines Studenten. Der europäische Binnenmarkt war erst im Entstehen begriffen, der Wechselkurs der D-Mark noch nicht so konsumentenfreundlich wie der Euro heute. Und natürlich gab es noch nicht an jeder Ecke einen türkischen Gemüsehändler, der seine Landsleute mit dem lebensnotwendigen Sortiment versorgte. Die kleine türkische Gemeinde rückte notgedrungen enger zusammen: »Ein Glück daher, dass die Türken so gastfreundlich sind, dass sie einander hin und wieder zu einem heimatlichen Festschmaus einladen. Aram Pestemalci, der Teppichhändler, brät sogar manchmal einen ganzen Hammel am Spieß, damit sich seine Gäste bei ihm wie zu Hause fühlen.«[12]

Wir wissen nicht, ob der Student Demirkol zu Pestemalcis Tafelrunde gehörte. 15 Jahre später hätte sein Leiden schließlich ein Ende gehabt. Anfang der Siebzigerjahre, inzwischen lebten 40 000 Türken in Berlin, eröffneten Export- und Importläden. Und 1970 gab es bereits die ersten fünf türkischen Lebensmittelgeschäfte. Und einige Entschlossene warfen in Berlin-Kreuzberg und in Schöneberg ihren Döner-Grill an und boten für zwei bis drei Mark (zwei Mark sind ein Euro) die Portion geschnetzeltes Kalbs- und Lammfleisch im Fladenbrot an. Sie ahnten nicht, dass sie damit den Grundstein für eine Industrie legten, die in den nächsten vierzig Jahren jährlich traumhafte Umsatzsteigerungen erzielen würde. Eine Industrie, die Jahrzehnte später den europäischen, ja selbst den türkischen Markt erobern würde.

Die bundesweit jährlich verzehrte rund eine Milliarde Döner-Kebap-Sandwiches beweist, dass Deutschland längst auf den Döner gekommen ist. Jeder Bundesbürger isst im statistischen Mittel 2,25 Kilogramm Döner – wovon eine Hälfte auf Geflügelfleisch und die andere auf Kalbfleisch entfällt. Ein dichtes Netz von 18 500 Dönerimbissen und türkischen Restaurants macht die Deutschen zu den führenden kulinarischen Orientalisten der westlichen Hemisphäre.[13]

Aber Berlin ist und bleibt ohne Zweifel Zentrum der Dönerrepublik. Rotierten 1983 in Berlin rund 200 Drehspieße in friedlicher Nachbarschaft zu den allgegenwärtigen Wurstbratereien, waren es 1988 bereits 400. Heute hat Berlin mit rund 1600 Döner-Verkaufsständen die Mitkonkurrenten auf ihre Plätze verwiesen.[14] Neue Produktionsverfahren in der Dönerindustrie, neue Präsentationsformen und Rezepte werden nicht in Istanbul, London oder New York entwickelt, sondern in der Döner-Kebap-Metropole der Welt. Hier hat auch der 2010 gegründete Verein Türkischer Dönerhersteller in Europa (ATDID e. V.) seinen Sitz am Kurfürstendamm.

Von Berlin aus wurden in den Achtziger- und Neunzigerjahren zunächst die alten, dann die neuen Länder im Sturm erobert, in den Nullerjahren dann die Konsumentenmärkte in Polen, Skandinavien, Frankreich, Spanien, Österreich, Portugal, den baltischen Staaten, Tschechien und Ungarn.

Die Erfolgsbilanz der Dönerindustrie in nüchternen Zahlen: Derzeit beläuft sich der Dönerkonsum in Deutschland auf etwa 550 Tonnen täglich, also auf rund

200 000 Tonnen im Jahr. Etwa die gleiche Menge wird in Deutschland täglich für den Export produziert. Das ergibt die tägliche Produktionsmenge von 1000 Tonnen, von der Gürsel Ülber, Vorsitzender des Verbandes der Dönerhersteller in Europa, bei unserem Gespräch im Herbst 2018 ausgeht.[15] Bei einem Endverkaufspreis von bundesweit durchschnittlich fünf Euro werden allein mit dem Verkauf von einer Milliarde Döner-Sandwiches, Dürüm Döner und Dönerboxen in den Dönerimbissen fünf Milliarden Euro umgesetzt. Das ist deutlich mehr als McDonald's mit seiner gesamten Produktpalette. 2020 erzielte der Hamburgerkonzern in Deutschland laut des Portals Food Service einen Umsatz von 3,15 Milliarden Euro. Um Gleiches mit Gleichem zu vergleichen, muss auch bei den Dönerimbissen und Restaurants nicht nur der Döner, sondern die gesamte Produktpalette berücksichtigt werden; also auch der Verkauf der Currywürste, des Böreks, der türkischen Pizzas, der Getränke und der Süßigkeiten. Auf diese Weise werden aus den fünf Milliarden Euro sehr schnell sieben, acht Milliarden Euro und mehr.

Damit machen die Dönerimbisse und die türkischen Restaurants etwa genauso viel Umsatz wie die zehn Größten der Systemgastronomie in Deutschland zusammen. Ihr Umsatz betrug nach Angaben von Food Service 2018 rund sieben Milliarden Euro.[16] Im Einzelnen:

| | |
|---|---|
| McDonald's | 3470 Millionen |
| Burger King | 955 Millionen |
| Lufthansa Service Holding | 909 Millionen |
| Autobahn Tank & Rast GmbH | 647 Millionen |
| Nordsee GmbH | 272 Millionen |
| Subway GmbH | 254 Millionen |
| Edeka | 239 Millionen |
| Ikea Deutschland | 230 Millionen |
| Starbucks | 160 Millionen |
| Marché Möwenpick | 134 Millionen |

* * *

Trotz der augenfälligen Unterschiede zwischen internationalen Konzernen der standardisierten Systemgastronomie und der Vielfalt Tausender kleiner Familienbetriebe haben McDonald's und die Dönerbranche vieles gemeinsam. Beide Branchen sind zur gleichen Zeit in Deutschland eingewandert, beide haben einen wichtigen Beitrag zur Internationalisierung der Essenskultur in Deutschland geleistet. Die ersten Dönerimbisse wurden Anfang der Siebzigerjahre in Berlin eröffnet, die erste McDonald's-Filiale in Deutschland am 4. Dezember 1971 in München. Der erste Dönerstand in der DDR wurde Anfang 1990 in Ostberlin aufgebaut, die erste McDonald's-Filiale etwas später, am

21. Dezember 1990, im sächsischen Plauen eröffnet. Es gibt 1426 McDonald's-Filialen in Deutschland, in denen 58 000 Menschen beschäftigt sind. Dem stehen 18 500 Döner-Verkaufsstellen mit über 80 000 Beschäftigten gegenüber. Sowohl der amerikanische Konzern als auch die Dönerindustrie stießen zu Beginn ihrer Deutschlandkarriere auf die Skepsis jener, die glaubten, die Leberkässemmel und die Bratwurst seien des Fast Foods letztes Wort.

McDonald's und die Dönerbranche haben grundlegende Veränderungen und Modernisierungsprozesse der Gesellschaft begleitet – zum Beispiel einen Beitrag zur Emanzipation der Frauen geleistet. In den Jahren der Vollbeschäftigung in den Sechziger- und der ersten Hälfte der Siebzigerjahre nahm die Berufstätigkeit der Frauen zu, ebenso die Zahl der Singlehaushalte und das zur Verfügung stehende Haushaltseinkommen. Kurz: Nach dem Abschied vom Essen im Henkelmann und der Butterstulle gab es eine enorme Nachfrage nach schnellen Imbissen. Der Döner und der Hamburger haben diese bedient.

Einen großen Unterschied zwischen McDonald's und der Dönerbranche gibt es dann doch. Bis heute sind alle Versuche gescheitert, eine McDonald's vergleichbare bundesweite Kette der Systemgastronomie und einen Franchisebetrieb für den Döner zu etablieren. Warum das so ist, darauf gibt es plausible Antworten. Ohne gründliche Kenntnisse der Besonderheiten der Dönerbranche ist eine Antwort aber noch zu voreilig. Nur so viel sei bereits verraten: An der angeblichen Eigenwilligkeit und dem vermeintlichen Clandenken der Menschen aus der Türkei, wie so manche Gesprächspartner vermuten, liegt es nicht.

Mit der Implementierung des Döner Kebaps als neues Fast Food schrieben die Eingewanderten aus der Türkei im 20. und 21. Jahrhundert eine Tradition fort. Im 17. Jahrhundert brachten die Hugenotten via Frankfurt die Brühwurst an die Spree. Die Amerikaner brachten nach 1945 Tomatenketchup und Curry, und leisteten damit die notwendige Entwicklungshilfe für die Berliner Currywurst. Rund 30 Jahre später hatte der Döner seinen großen Durchbruch.

* * *

Eine Warnung (vor allem) an die Berliner Leserinnen und Leser. Dies ist kein Werk der inneren Mission. So spannend die Erfolgsgeschichte des Döner Kebaps auch ist, hier wird an keinem neuen Berliner Mythos gestrickt. Keine Hochrufe, keine Jubelchöre, keine Verzückung darüber, was die Hauptstädter dem Rest der Welt wieder einmal für ein neues Glück bescheren. Als Wahlberliner habe ich genug Mitleid mit den Lokalpatrioten, die bei jeder Gelegenheit ein Hohelied auf ihre Currywurst oder ihre Fettschwämmchen, auch Buletten genannt, singen müssen. Sie sind damit bestraft genug, ständig in Mikrofone zu plappern, wie vorzüglich die Currywurst doch schmecke. Wollen wir den Berlinern allen Ernstes auch noch die Ehrenrettung und Verteidigung ihres Döner Kebaps aufhalsen? Nein. Was die Berliner brauchen, ist etwas Erholung von der Last der vielen Mythen, an der sie so schwer zu tragen haben.

Der Döner Kebap ist ein Fast-Food-Artikel. Und da gibt es, je nach persönlichem Geschmack, schlechtere, aber auch bessere als den Döner Kebap. Für mich allerdings kann ich sagen: Ich liebe Döner! Ich habe meinen ersten Döner 1969 in Istanbul gesehen, aber nicht gegessen. Dies tat ich 1974 in London. Dieses erste Mal hat mich entflammt. Und in den 48 Jahren seitdem folgten nach vorsichtigen Hochrechnungen 2326 weitere Döner/Gyros/Schawarma in der Türkei, Polen, Österreich, Griechenland, Frankreich, der DDR, in Tunesien, Israel, der Bundesrepublik, in Schweden und in den USA.

Ich habe es mir und der geneigten Leserin, dem geneigten Leser erspart, für dieses Büchlein Lokalprominenz nach ihrem Verhältnis zum Döner Kebap zu befragen, um möglicherweise von einem Bürgermeister oder einer Schauspielerin zu hören: »Ich esse immer wieder gerne einen Döner. Am liebsten bei Ahmet XY – und, die Türken gehören zu unserer Stadt.« Auch wer sich Tipps erwartet, wo er in Deutschland die besten Döner für sein Geld bekommt, wird schlecht bedient werden. Mehr als zwanzig Jahre lang habe ich trotz vieler Interviewanfragen der Versuchung widerstanden, Tipps zu geben, wo es den besten Döner gibt. Im Frühjahr 2018 bin ich von dieser Praxis abgewichen und ich habe es bitter bereut. Via Facebook offenbarte ich, welchen Döner Kebap ich in Berlin als den Besten empfehle. Nachdem das renommierte und international bekannte Restaurant nahe dem Nollendorfplatz in Berlin über viele Jahre außergewöhnliche Qualität geboten hatte, wähnte ich mich auf der sicheren Seite. Bei einem Besuch musste ich kurz darauf feststellen, dass die Qualität des Fleisches rapide abgenommen hatte, es war wässrig und geschmacklos, das Brot labbriger. Und drei Jahre später ist es schon wieder anders: Nun stimmt es erneut mit der Qualität. Darum bleibe ich dabei: Keine weiteren Tipps! Angesichts von 18500 Döner-Verkaufsstellen in Deutschland ließe sich keine auch nur halbwegs gerechte Auswahl treffen. Zudem ändert sich die Szene und Qualität ständig. Und ich möchte niemanden von einem Ende der Stadt in das andere des Landes jagen, damit er dann enttäuscht und wütend feststellt, dass es dort anstatt des hochgepriesenen Döners nur noch einen müden Abklatsch gibt. Ein paar Hinweise, woran man einen genießbaren von einem weniger empfehlenswerten Döner unterscheiden kann, sollen genügen. Alles andere ist Geschmackssache. Wer will, der kann sich heute ohnehin auch über die Bewertungsportale einen schnellen Überblick verschaffen – natürlich nur, wenn er an die Intelligenz des Schwarms glaubt.

Noch ein paar Dinge sind zu klären, bevor wir uns an die Spur des Döner Kebaps heften. Wie wird *das Ding*, das ins Deutsche übersetzt so viel wie »drehender Braten« heißt, denn nun genannt und geschrieben? Oder ist die bessere Übersetzung »Drehbraten«? Schließlich nennen wir den »Spießbraten« auch nicht »spießiger Braten«. Die Imbissbuden werben meist mit der türkischen Schreibweise »Döner Kebap«, also dem »drehenden Braten«, für ihr Produkt. In Zeitungsberichten findet sich häufig der Bindestrichkompromiss: »Döner-Kebab« oder »Döner-Kebap«. Diese Schreibweise gibt es im Türkischen nicht und macht übrigens auch in der deutschen Übersetzung wenig Sinn. *Das Ding* würde dann folgendermaßen geschrieben: »drehender-Braten« – was zugegebenermaßen rechter Unsinn ist. Auch die zweite Möglichkeit – »Dreh-Braten« – sieht ungewöhnlich aus und hat wenig mit deutscher Rechtschreibung gemein. Der Duden hat Mitte der Neunzigerjahre das Fast Food aufgenommen und erklärt 1995 »Dönerkebab« (»Drehbraten«) für verbindlich. Heute, 2022, empfiehlt er die getrennte Schreibweise »Döner Kebab«, lässt aber auch die alternativen Schreibungen »Dönerkebab«, »Döner Kebap« sowie »Dönerkebap« zu. 1995 wie 2022 bleibt noch die Streitfrage Keba*p* oder Keba*b* zu klären. Hier tendiert der Duden klar gegen die türkische und für die aus dem Arabischen entlehnte Schreibweise. Mein Vorschlag zur Güte bei der Frage: p oder b? Als Reverenz an die Verdienste rund um den Döner entscheiden wir uns beim »Braten« für die türkische Schreibweise, also für das *p*. Bei der Streitfrage, ist *das Ding* nun in einem oder in zwei Worten zu schreiben, beugen wir uns 2022 wie bereits 1995 der Autorität des Duden. Das Ergebnis ist nun der Döner Kebap und nicht mehr der Dönerkebap. Lassen Sie uns *das Ding*, wie es der Volksmund ohnehin längst tut, ruhig salopp einen »Döner« (einen »Dreher«) nennen, aber niemals Kebap. Schließlich gehen Sie auch nicht an einen Imbissstand und sagen: »Ich will eine Wurst.« Wer eine Bockwurst, Fleischwurst, eine Pferdewurst, eine Wiener, eine Currywurst, eine Thüringer oder ein Frankfurter Würstchen möchte und nicht automatisch eine Dampfwurst, der muss schon differenziert sein Begehr vortragen. So ist das auch mit dem Kebap. Auch da gibt es eine Vielzahl von Varianten: den Adana Kebap, den Patlican Kebap (Kebap mit Auberginen), den Şiş Kebap, den Yoğurtlu Kebap (Kebap mit Joghurt) und den Avcı Kebap (Jägerkebap), um nur ein paar Exemplare der großen Familie zu nennen. All diese Kebap-Speisen haben in Geschmack und Aussehen nichts, aber auch gar nichts mit dem Döner zu tun.

Übrigens: Im Türkischen hat der Döner Kebap wie alle Substantive kein grammatisches Geschlecht. Er ist weder ein Er, noch eine Sie, noch ein Es, sondern genderneutral.

* * *

Ich weiß, dass ich auf diese Reise durch die Geschichte des Döner Kebaps viele meiner vegetarischen und veganen Freundinnen und Freunde nicht mitnehmen kann. Dafür habe ich Verständnis. Aber vielleicht kann die eine oder der andere für einen Moment davon abstrahieren, dass hier immer auch von Tieren und Fleisch die Rede ist und zumindest den soziokulturellen und migrationsgeschichtlichen Aspekten etwas abgewinnen.

# 2.
# DIE WIEGE DES DÖNER KEBAPS

Als der britische Textilprofessor Robert Chenciner den berühmten, angeblich 900 Jahre alten Wandteppich von Bayeux in Augenschein nahm, kamen ihm Zweifel. Auf dem Teppich ist ein Koch abgebildet, der gerade eine Art Döner Kebap zubereitet. Nach längeren Recherchen fand Mr. Chencier seinen Verdacht bestätigt: Dem Mittelalter war diese Zubereitungsart noch gar nicht bekannt.[17] Tatsächlich würde der Wandteppich die Entstehungsgeschichte des Döner Kebaps auf den Kopf stellen. Der Döner Kebap ist eine vergleichsweise junge Erfindung der osmanischen Küche. In Zeitungsartikeln wird einmal von dem etwa »300 Jahre alten Gericht aus der Türkei« berichtet, andere nennen 200 Jahre. Die dünne Quellenlage zur Geschichte des Döner Kebaps überrascht. Weder in den vielen schriftlich fixierten Rezepten der mittelalterlichen arabischen Küche finden sich Hinweise auf den Döner Kebap noch in dem ältesten erhaltenen Kochbuch in türkischer Sprache aus dem 15. Jahrhundert.[18] Wie die türkische Küche in früheren Jahrhunderten aussah, was in Istanbul und den Siedlungen Anatoliens auf den Tisch kam, darüber geben vor allem europäische Reisebeschreibungen Auskunft. »Für das 16. Jahrhundert ist dabei unsere wichtigste Quelle das Tagebuch des Fugger-Faktors Hans Dernschwam, welches eine außerordentlich detaillierte Beschreibung türkischer Speisen (auch abseits des Hofes) enthält. Dernschwams Aufzeichnungen vermitteln den Eindruck, die gehobene türkische Durchschnittsküche sei bereits damals in ihren Grundzügen der heutigen sehr ähnlich gewesen. Allerdings fehlten ihr (wie allen Küchen Europas und Asiens) gewisse Geschmackselemente, die wir uns heute nur schwer wegdenken können: die Produkte der Neuen Welt – Tomaten und Paprika.«[19]

Weder in Derschwams Niederschrift noch im ersten *gedruckten* türkischen Kochbuch aus dem Jahr 1844 finden sich Hinweise auf die Existenz des Döner Kebaps. Also können wir daraus schließen, dass er bis in diese Jahre zumindest keine überregionale Rolle spielte. Auch Helmut von Moltke, der als Militärberater des Osmanischen Reiches die entlegensten Winkel des Imperiums besuchte, scheint keinen Döner Kebap gesichtet zu haben. 1835 wurde Moltke vom preußischen König Friedrich Wilhelm III. als Instrukteur der osmanischen Truppen nach Konstantinopel abkommandiert. In jene Stadt, die im deutschen Sprachgebrauch seit den Dreißigerjahren des 20. Jahrhunderts Istanbul heißt. Von 1835 bis 1839 hielt sich Moltke am Bosporus, in Anatolien, Mesopotamien, dem heutigen Nordirak und Syrien auf. Er war beauftragt, ein Heer nach europäischem Muster zu schaffen, das den Bestand des Osmanischen Reiches sichern sollte. Bei seinen Reisen kreuz und quer durch die Provinzen ist er zwar auf allerlei abenteuerliche Verhältnisse gestoßen, aber offensichtlich auf keinen Döner Kebap. Auf einer Reise nach Bursa im Sommer 1836 kehrte Moltke in einen Kebap-Imbiss ein. Seit dem 16. Jahrhundert, so zeigen es Darstellungen auf Miniaturen, gab es diese Grillstuben im Land. Moltke: »Unser Mittagsmahl nahmen wir ganz türkisch beim Kiebabtschi ein; nachdem wir die Hände gewaschen, setzten wir uns nicht an, sondern auf den Tisch, wobei mir meine Beine schrecklich im Wege waren. Dann erschien auf einer hölzernen Scheibe der Kiebab oder kleine Stückchen Hammelfleisch, am Spieß gebraten und in Brotteig eingewickelt, ein sehr gutes, schmackhaftes Gericht; darauf eine Schüssel mit gesalzenen Oliven, die ganz vortrefflich sind, der Halwa oder die beliebte süße Schüssel und eine Schale mit Scherbet, ein Aufguss von Wasser auf Trauben, mit einem Stückchen Eis darin.«[20]

Bei dem von Moltke verzehrten Şişkebap (Spießbraten) handelt es sich nach Auffassung des Frankfurter Dönerproduzenten Enfil Tütüncübaşı um das wohl bekannteste Gericht, das die Türken bei ihrer Wanderung gen Westen seinerzeit aus Mittelasien mitgebracht hatten. »Das in unterschiedlichen Größen würfelartig geschnittene Fleisch wird auf einen Spieß gesteckt«, so Tütüncübaşı weiter, den wir in Kapitel 5 noch näher kennenlernen werden. Diesem mit verschiedenen Oreganoarten gewürztem Gericht, das als arabisches

Kebap bezeichnet wurde, haben die Türken das Wort »Şiş«, also Spieß, vorangestellt. Er ist eine der vielfältigen Kebap-Arten.

Zurück zu Moltkes Aufenthalt in Anatolien. Bei aller Begeisterung für türkisch-arabische Kebap-Gerichte vermisste der spätere Generalfeldmarschall vor allem eines. Als sich seine Beratertätigkeit für die Taurus-Armee dem Ende zuneigte, und er sich im August von Samsun aus via Konstantinopel Richtung Berlin auf den Rückweg machte, hatte der Militärberater eine Offenbarung und ließ seinem kolonialistischen Blick auf das Osmanische Reich ungezügelten Lauf: »Der eine Schritt von Samsun auf das österreichische Dampfboot führte uns aus der asiatischen Barbarei in die europäische Verfeinerung – wir forderten zuallererst Kartoffeln, die wir anderthalb Jahre am schmerzlichsten entbehrt hatten. In unserer zerlumpten türkischen Kleidung, mager und abgezehrt, mit langen Bärten und türkischem Gefolge, wollte man uns erst gar nicht in die erste Kabine lassen. Es ist nicht zu beschreiben, wie behaglich uns alles vorkam; da gab es Stühle, Tische und Spiegel, Bücher, Messer und Gabeln, kurz, lauter Bequemlichkeiten und Genüsse, deren Gebrauch wir fast verlernt hatten.«[21]

Zivilisierter ging es zu jener Zeit, als Helmut von Moltke endlich wieder seine geliebten Kartoffeln essen durfte, in Anatolien durchaus zu. Während seines Aufenthaltes in der Region kam es in der 250 Kilometer westlich von Samsun gelegenen nordanatolischen

Stadt Kastamonu zu revolutionären Umwälzungen in der Grilltechnik. 130 Jahre später eroberten sie schließlich Moltkes Heimatstadt Berlin. Der Chefkoch »Hamdi Usta« kam in der zweiten Hälfte der Dreißigerjahre des 19. Jahrhunderts auf die geniale Idee, den traditionellen türkischen Festschmaus, den Lammbraten, auf die Beine zu stellen, sprich, den aufgespießten Hammel anstatt in der Horizontalen in der Vertikalen am Holzkohlenfeuer zu grillen.

## Der Spieß kommt auf die Beine

Der in Berlin lebende Meisterkoch Renan Yaman hält nach eingehenden Recherchen an folgender Schöpfungsgeschichte des Döner Kebaps fest.

Renan Yaman wurde 1933 in Istanbul geboren und studierte von 1950 bis 1956 an der Staatlichen Akademie für Bildende Künste Innenarchitektur. Zwischen 1958 und 1960 bildete sich Yaman als Koch in Paris, Brüssel, München und Rom fort. Er lebte von 1971 bis zu seinem Tod 2012 in Berlin, verkaufte Rezepte und beriet Restaurantbetriebe in der Schweiz, den Niederlanden und der Bundesrepublik. Yamans Bestreben: »Ich versuche Gerichte unter der Wahrung der Grundrezepte der klassischen Küche im Stil der europäischen Nouvelle Cuisine der Öffentlichkeit vorzustellen.« Dieser Anspruch erklärte auch Yamans kritische Haltung zu der in der Bundesrepublik vorherrschenden Dönerkultur. »Was hier als Döner angeboten wird, ist nichts weiter als eine Currywurst am Spieß.« Der Meisterkoch, der in seiner langen Karriere selbst Tausende von Döner Kebaps hergestellt hat, erhielt 1988 während der gastronomischen Ausstellung in Dijon für seinen dort präsentierten Döner Kebap von der aus führenden Chefköchen der französischen Gastronomie zusammengesetzten Jury ein Ehrendiplom verliehen.[22]

Die Gespräche, die diesem Kapitel zugrunde liegen, habe ich mit Renan Yaman in den Jahren 1994 bis 1996 geführt.

*Wie wurde in der Türkei das Lammfleisch zubereitet, bevor man auf die Idee kam, es anstatt in der Horizontalen in der Vertikalen zuzubereiten?*

Als traditionelles Festessen kannte man in der türkischen Küche Fleischgerichte wie das über dem Holzkohlenfeuer gegrillte Lamm am Spieß, das wir Kuzu Cevirme nennen. Daneben das Lamm, zubereitet im Tandır. Das bedeutet, das Lamm mit einem Gewicht bis zu vierzehn Kilogramm wird in ein Erdloch gehängt, das mit Holzkohle befeuert wird. Das Erdloch wird mit einem Deckel verschlossen. Nach ungefähr drei Stunden ist das Fleisch herrlich zart. Daneben gibt es noch eine weitere Zubereitungsart: den sogenannten Grubenbraten, den Kuyu Kebabi, der im Türkischen auch Biryan, Biran oder Bünyan genannt wird. Sowohl der Tandır Kebabı als auch der Kuyu Kebabi sind uralte Zubereitungsarten, die ursprünglich aus Indien kommen und über 3000 Jahre alt sind.

*Und wer kam nun auf die Idee, das Lammfleisch senkrecht am Spieß zuzubereiten?*

Es war Mitte der Dreißigerjahre und Mitte der Sechzigerjahre des neunzehnten Jahrhunderts, als zwei unterschiedliche Meisterköche während ihrer Bemühungen, das von ihnen vorbereitete und ausgewählte Fleisch in eine gefällige Form zu bringen, zum ersten Mal das Hammelfleisch in einer besonderen Form, die vorher nicht bekannt war, auf einem senkrecht stehenden Spieß brieten.

Wie wir aus Quellen wissen,[23] erfand der Meisterkoch Hamdi vor knapp 160 Jahren in Kastamonu diese Methode. Das genaue Jahr kennen wie leider nicht. Nur so viel ist überliefert: zur Mittagszeit begann er den Döner auf dem Marktplatz von Kastamonu zu grillen. Ab 14 Uhr verkaufte er ihn dann. Der Döner war so delikat, dass sich sein Ruhm rasch verbreitete und die Kundschaft Schlange stand. Von Hamdi lernten die Köche Şükrü und Raif Gülsunar die Kunst der Dönerzubereitung und führten sie in der zweiten Generation fort. Der Koch Şükrü Altınöz, der es als Letzter von ihnen lernte und seit dreißig Jahren Döner à la Kastamonu zubereitet, diktierte mir folgendes Ur-Rezept des Döner Kebaps.

**Das Rezept des Meisterkochs**
**Hamdi aus Kastamonu**
*erzählt von Renan Yaman*

Das Hammelfleisch wird mit der über die Jahre erworbenen Erfahrung von den Knochen gelöst und in Stücke geteilt. Mit sicherer Hand werden die Sehnen Stück für Stück mit der Spitze eines scharfen Messers vorsichtig entfernt und die Fleischstücke in die Form, in der sie auf den Dönerspieß gesteckt werden sollen, in breite, dünne Scheiben geschnitten. Danach wird eine fein geschnittene Zwiebelmischung zubereitet: Ein Kilo Zwiebeln schälen und in sehr schmale Stücke – wie Mondsicheln – schneiden, darüber schwarzen Pfeffer, scharfen roten Paprika und Kreuzkümmel streuen und die Gewürze und Zwiebeln vermischen, indem man sie mit den Händen durchwalkt. Danach nimmt man das vorbereitete Fleisch vom Blech und legt eine Schicht in ein großes Gefäß, streut darüber eine ordentliche Portion der Zwiebelmischung, worauf wieder eine Schicht Fleisch folgt – und so weiter, bis zum Schluss wieder die letzte Schicht Fleisch mit der Zwiebelmischung bedeckt wird. Das in der Zwiebelmischung für 15 bis 20 Stunden eingelegte Fleisch nimmt so den Zwiebelsaft und den Geschmack der Kräuter auf. Diese Vorbereitung sorgt dafür, dass das gebratene Fleisch später sehr zart und pikant ist.

*Sie sprachen von zwei Köchen, die auf den Dreh mit dem senkrechten Spieß kamen? Wer war der andere Gründervater des Döner Kebaps?*

Neben dem Koch Hamdi kreierte auch der Koch Iskender in den Sechzigerjahren des neunzehnten Jahrhunderts eine eigene Form des Döner Kebaps.[24] Iskender war der Großvater des Gründers des heute noch berühmten »Iskender«-Restaurants, das vor drei Generationen in der westanatolischen Stadt Bursa eröffnet wurde. Ob es zu jener Zeit einen Kontakt zwischen den beiden Köchen aus Bursa und Kastamonu gab, ist nicht überliefert. Es ist nicht allzu wahrscheinlich, schließlich liegen Kasatmonu und Bursa über fünfhundert Kilometer voneinander entfernt. Für Köche, angesichts des Zustandes der Verkehrswege und der Kommunikationsmittel, eine ungeheure Entfernung. Auch die erheblichen Unterschiede in der Zubereitung des Döner Kebaps sprechen gegen einen direkten Kontakt der beiden Köche. Es ist also durchaus möglich, dass sie unabhängig voneinander auf die gleiche Idee gekommen waren.

Nachdem Iskender den Grill und den Spieß auf die Beine gestellt hatte, tauften die Bewohner Bursas die Neuerung »einen sich drehenden Kebap«, also Döner Kebap. Unter diesem Namen ging das für seinen Geschmack hochgerühmte Essen schließlich in die türkische Küchensprache ein.

Das Rezept zur Zubereitung des Döner Kebaps wurde innerhalb der Familie Iskender von einer Generation zur nächsten weitergegeben. Für eine Reportage des türkischen Fernsehsenders TRT aus dem Jahr 1990 erläuterte ein Nachkomme das Rezept des zweiten Urvaters des Döner Kebaps.

**Das Rezept des Kochs Iskender aus Bursa**
*erzählt von Renan Yaman*

Das als Ganzes vom Fleischer kommende Hammelfleisch trennen wir fein säuberlich von den Knochen und entfernen mit großer Geduld die Sehnen. Das dünn geschnittene Fleisch verarbeiten wir in eine Form von Blättern, die wir mit einem Eisen weichklopfen. Das für den Döner ungeeignete Fleisch verarbeiten wir zu Hackfleisch und fügen es jeweils zwischen die am Dönerspieß aufeinanderliegenden Fleischschichten. Zum einen wird auf diese Weise der Kebap weicher und zum anderen fällt das fette Fleisch nicht unangenehm ins Auge. Der Döner Kebap wird folgendermaßen serviert: Ein spezielles Pide wird über dem Grillfeuer gut ausgebacken. Danach wird das Brot in quadratischer Form oder in der Form des Baklava rautenförmig geschnitten auf den Teller gelegt. Das in dünnen Streifen abgeschnittene gebratene Fleisch wird dann nebeneinander auf das Pide gelegt. Je nach Wunsch des Kunden kommt es pur oder mit Joghurt auf das Pide. Danach wird zerlassene Butter darüber geträufelt und neben auf dem Grill gebratene Tomaten und scharfe grüne Peperoni gelegt.

*Wie verbreitet ist diese Zubereitungsart heute in der Türkei?*

Jeder Koch hat sein eigenes Rezept und seine eigenen Tricks zur Vorbereitung des Fleisches mit Kräutern oder in einer speziellen Marinade. Köche, die das Rezept der Iskender-Familie kopieren, mögen zwar die gleiche äußere Form erreichen, allerdings nicht den Geschmack. Zumal das Fleisch der Hammel und Lämmer aus der Gegend von Bursa einen unvergleichbaren, eigenen natürlichen Geschmack hat, da man die Tiere auf den mit Thymian bewachsenen Bergweiden grasen lässt.

Es gibt in Ankara und in Istanbul auch heute noch vereinzelt berühmte Köche, die auf ihre eigene Weise diese delikate Art des Kebaps zubereiten. Zu ihnen zählt der von mir hoch geschätzte Koch Necip Ertürk, der heute in den USA lebt und arbeitet. (Das Rezept Necip Ertürks siehe S. 66)

*Ich höre heraus, dass Sie von rühmlichen Ausnahmen sprechen. Ist es denn heute so schlecht um den Döner bestellt?*

In den letzten zwanzig Jahren bereiten Dönerköche im In- und Ausland dieses Gericht nur noch nach rein ökonomischen Erwägungen zu. In der Regel wird von unwissenden Personen eine industrialisierte Form des »Döners« verkauft, die der Sache ihren eigentlichen Esprit nehmen. Aus Gewinnsucht stellen sie den Dönerkegel, ohne irgendwelches Lamm- oder Hammelfleisch, aus der Keule oder dem Brustfleisch des Kalbes oder Rindes her, das sie in Stücke schneiden und mit Eisen zurechtklopfen. Das Innere füllen sie mit einem Teig aus Stärkemehl, Brot und Hackfleisch verschiedener Sorten. Nur zu Täuschungszwecken werden ein paar Schichten fettes und sehniges Fleisch, das zudem falsch gewürzt ist, in den Dönerkegel eingefügt, um es schließlich bis zum Verkauf einzufrieren.

Neben diesem zurechtgeschusterten Döner verkauft man bei uns auch noch ein Gericht unter dem Namen »Gyros«, so als wäre es eine Spezialität der Griechen und gar dortselbst erfunden. Es besteht aus Schweinefleisch, das in eine spezielle Kräutermarinade eingelegt, in handstärkedicke Scheiben geschnitten und dann, wie es gerade kommt, aufeinandergeschichtet und im Dönergrill gebraten wird, um anschließend dick abgeschnitten und als trockenes Fleisch mit undefinierbarem Geschmack verkauft zu werden. Das in dieser Form hergestellte Fleischgericht stellt meiner Meinung nach eine Beleidigung für den Namen Döner Kebap dar. Indem sie in ein Viertel Brot kleingehackten grünen Salat, Zwiebeln, Tomatenscheiben und Ähnliches hineinlegen und, um »das Auge zu täuschen«, zehn oder zwölf Wurstscheiben hinzufügen, betrügen sie die Leute.

*Was können wir zur Rettung des Döner Kebaps tun? Wie sieht für Sie die ideale Zubereitung aus?*

Natürlich ist es unmöglich, von einem Tag auf den anderen diese degenerierte Form zu beseitigen. Wenn Sie aber einen echten Döner herstellen und ihn den Genießern mit gebuttertem Reis, der im Saft des Fleisches gekocht wurde, oder mit Auberginensalat zusammen servieren, dann wird der Geist des Koches Hamdi aus Kastamonu und des Koches Iskender aus Bursa, die dieses schöne Essen erfunden haben, sie mit Freude erfüllen.

### Die Dönerzubereitung à la Renan Yaman

Die ideale Form der Zubereitung des Döners sehe ich wie folgt:

Man lasse die Hammelkeulen mit Knochen, bis sie weich geworden sind – mindestens acht bis zehn Tage –, im Kühlschrank stehen. Die Menge berechne man nach der Größe des Dönerkegels, den man herstellen will. Nach der Kontrolle, ob sie »reif« sind, schneide man die Keulen in große Fleischstücke und entferne dabei die Haut, schneide sorgfältig und wohlbedacht die Sehnen heraus und trenne das Fleisch vom Knochen. Von dem Fleisch nimmt man die kleinen Fleischstücke, die übrig bleiben, wenn man das Fleisch von den Muskeln, dem Fett und den Sehnen befreit hat, und verarbeitet sie zu Hackfleisch. Das Hackfleisch, das etwa ein Drittel des Fleisches ausmachen sollte, wird mit einem besonders geschmackvollen Salz durchgeknetet und zur späteren Benutzung als Zwischenfüllung in den Kühlschrank gestellt.

Die von den Knochen getrennten Fleischstücke der Keule werden zu dünnen Scheiben in Zick-Zack-Form (wie der Buchstabe Z) geschnitten. Diese Teile, wie ein Blatt in der Größe einer Hand, werden in ein breites und tiefes Gefäß geschichtet, das danach mit Milch aufgefüllt wird. So lässt man es 15 bis 20 Stunden im Kühlschrank ruhen. Am nächsten Tag lässt man die Milch ganz abtropfen, gibt den durch ein Tuch gepressten Saft von geriebenen Zwiebeln, Sonnenblumenöl und mit speziellen Kräutern vermischtes Salz hinzu, vermengt dies mit den Händen, sodass es sich mit dem ganzen Fleisch verbinden kann, um das Fleisch sodann mit beiden Händen gut durchzukneten, es sozusagen zu massieren. So sollte es dann in dem Zustand sein, in dem man es zur Herstellung des Döners benutzen kann.

Nun beginne man damit, das Fleisch auf den senkrecht stehenden Dönerspieß diagonal aufzuschichten, zwischen einige Schichten presst man das gewürzte Hackfleisch und während man Schicht für Schicht aufeinanderlegt, fügt man Lammfett hinzu und stellt so den ganzen Dönerkegel her. Obendrauf kommt als Abschluss wieder Lammfett. Das Fleisch, welches aus dem geformten Dönerkegel heraushängt, rasiert man mit einem Messer ab.

Während der Döner brät, tropft in die Vorrichtung darunter das Fett und der Saft des Fleisches. Man sammelt in einer Schaufel mit einem besonderen Griff die abgeschnittenen Dönerstreifen. Nun gibt man auf einen vorgewärmten Teller eine Portion gekochten Pirinç-Reis, den man in Fleischbrühe ziehen lässt. Darauf werden die Dönerstreifen nebeneinandergelegt. Daneben kommen Scheiben von gegrillten Fleischtomaten und von Stiel und Kernen befreite mittelscharfe Peperoni. Je nach Wunsch kann man das Dönergericht auch anstelle des Reises mit Auberginensalat als Garnitur servieren.

Zweifel an Renan Yamans »Genesis des Döners« meldete die Bonner Turkologin Hedda Reindl-Kiel an. Nach ihren Recherchen zur Sozialgeschichte der türkischen Küche, zu deren Erforschung sie neben den Berichten europäischer Reisender im Mittelalter türkische und arabische Kochbücher sowie die Lebensmittelabrechnungen des Hofes auswertete, ist sie sich nicht einmal sicher, ob der Döner Kebap in der Türkei oder aber in arabischen Ländern zuerst aufkam. Zwar, so Hedda Reindl-Kiel, habe man in den meisten osmanischen Provinzen des Reiches »wenigstens hin und wieder in die nachbarlichen türkischen Kochtöpfe geblickt«, dafür spreche auf dem Balkan wie im arabischen Raum nicht nur die Zubereitungsart vieler Speisen, sondern auch ihre Benennung.[25] Als Beispiele für viele nennt Hedda Reindl-Kiel aus dem Griechischen *dolmadhes* (türk. *dolma*, »Gefülltes«), *tsatsiki* (türk. *cacık*), aus dem Bulgarischen *kjuftete* (türk. *köfte*, »Gehacktes«) und *kebabcete* (*Kebap*, »Gebratenes«), aus dem Serbokroatischen *cevapcici* (türk. *kebap*). Allerdings, darauf weist Reindl-Kiel ausdrücklich hin, dürfte hin und wieder auch der eine oder andere türkische Begriff traditionellen lokalen Speisen einfach nur übergestülpt worden sein. So lässt sich der arabische Begriff für Suppe *surba* vom türkischen *çorba* ableiten, was natürlich nicht bedeuten könne, dass die Araber vor dem Auftreten der Türken keine Suppe gekannt hätten. Auch bei der arabischen Variante des Döner Kebaps, dem Schawarma, der sich begrifflich aus dem türkischen *çevirme*, »Drehbraten«, ableitet, »sind zumindest Zweifel angebracht, ob hier nicht auch lediglich die Bezeichnung, nicht aber das Bezeichnete übernommen wurde.« In den von ihr untersuchten historischen Kochbüchern tauchen allerdings ebenfalls keine Rezepte zur Herstellung von Döner Kebap auf. Aus diesem Grund folgen wir, bis die Forschung schlüssige Gegenbeweise vorlegt, der Erzählung Renan Yamans zur Geschichte des Döner Kebaps.[26]

## Die Döner-Dampfmaschine

Keine Geschichtsschreibung ist endgültig und für immer abgeschlossen. Auch nicht die des Döner Kebaps. Deshalb möchten wir ihr ein weiteres spannendes Kapitel hinzufügen, das bis heute in der Dönerforschung unbeachtet geblieben ist. 2008 eröffnete in Istanbul das »Museum für Wissenschaft und Technologie im Islam«. Dort steht das Modell eines mit Dampf betriebenen vertikalen Dönerspießes – die Döner-Maschine. Es wurde nach den Beschreibungen und Skizzen des Universalgelehrten Taqiyaddin (arabisch: Taqi ad-Din) gebaut, der diese 1546 in Damaskus ersonnen und entworfen hat.[27] Mit diesem mechanischen Grillspieß aus der Mitte des 16. Jahrhunderts wird vieles infrage gestellt, was wir über die zeitliche und räumliche Herkunft des vertikalen Spießbratens bislang zu wissen glaubten.

Doch der Reihe nach: Das »Museum für Wissenschaft und Technologie im Islam« wurde 2008 auf Initiative des 2018 verstorbenen Fuat Sezgin, eines führenden Orientalisten und Professors für Geschichte der Naturwissenschaften an der Frankfurter Goethe-Universität, in Istanbul eröffnet. Es befindet sich am Fuße des

Topkapı-Palastes, unweit der Hagia Sophia im Gülhane-Park an historisch prominentem Ort. Anhand Hunderter Exponate werden dem Besucher erstaunliche wissenschaftliche Erkenntnisse arabisch-muslimischer Gelehrter zwischen dem 9. und 16. Jahrhundert auf den Gebieten der Astronomie, der Astrologie, der Nautik, der Seefahrt, der Medizin, Physik, der Chemie und der Architektur präsentiert. Hier wird der plausible Nachweis erbracht, dass muslimische Seeleute bereits im frühen 15. Jahrhundert, Jahrzehnte vor Christopher Kolumbus, an der brasilianischen Küste entlang segelten und diese kartografierten. Das Museum rekonstruiert die weithin vergessene Wissenschaftsgeschichte des Islam. Und es präsentiert dem eurozentristischen Besucher so manche Überraschung und manch Spektakuläres.

Taqiyaddin, der Erfinder des mit Dampfkraft betriebenen Dönerspießes, wurde 1526 in Damaskus geboren. Er wirkte in Damaskus, Kairo und Nablus, bevor er sich 1571, viele Jahre nach seiner bahnbrechenden Erfindung, in Istanbul, dem Zentrum des Osmanischen Reiches, niederließ, wo er 1585 starb. Der Universalgelehrte betätigte sich als Astronom, Astrologe, Ingenieur, Physiker, Mathematiker, Biologe, Pharmazeut und Mediziner. »Von osmanischen Zeitgenossen wurde er übereinstimmend als der ›größte Wissenschaftler der Welt‹ bezeichnet.«[28]

Taqiyaddin schrieb mehr als 90 Bücher und zu seinen bedeutendsten Erfindungen zählt die einer Dampfturbine. »Fast 80 Jahre vor dem in der westlichen Welt als Dampfturbinenerfinder weit bekannten Giovanni Branca beschrieb Taqiyaddin in seinem Werk ›Al-Turuq al-samiyya fi al-alat al-ruhaniyya‹ (Die hohen Methoden der spirituellen Maschinen) eine einfache Impuls-Dampfturbine als Antrieb für einen Grillspieß. Als Dampfquelle diente ein abgeschlossener, mit Wasser gefüllter Kupferkessel, der oben in einer Düse endete. Der Kessel wurde mit Feuer zum Kochen gebracht, der Dampf blies als Strahl aus der Düse auf ein Flügelrad [...], das wiederum den Grillspieß antrieb.«[29]

Die Erfindung Taqiyaddins zeigt zweierlei: Zum einen war dem osmanischen Gelehrten das Prinzip der Dampfkraft und seine mögliche praktische maschinelle Nutzung bereits vor Europa bekannt. Zum anderen sind die Skizzen und Konstruktionen von Taqiyaddin ein Hinweis darauf, dass die Idee des vertikalen Drehspießes schon über dreihundert Jahre bevor Meister Iskender diesen 1867 in Bursa und in der Folge im Osmanischen Reich popularisierte, im arabischen Raum – namentlich in Damaskus – ersonnen worden war.

Ob der von Taqiyaddin skizzierte vertikale Grillspieß (mit oder ohne Dampfkraft) jemals in Damaszener Küchen zum Einsatz kam, wissen wir nicht. Wahrscheinlicher ist es, dass der Entwurf der Döner-Maschine eine von vielen Skizzen dampfgetriebener »Maschinen« war, die in den Jahrhunderten vor der ersten verwendbaren Dampfmaschine im Jahr 1712 zu Demonstrationszwecken auf dem Papier entworfen wurden, ohne dass diese Maschinen schon gebaut worden wären und Eingang in die Alltagskultur gefunden hätten. Ganz so, wie Leonardo da Vincis Entdeckung des Prinzips des Hubschraubers, das er in den Pariser Manuskripten in den Jahren 1487 bis 1490 erdacht, skizziert und beschrieben hatte, dessen Umsetzung den Nachkommen aber erst im 20. Jahrhundert gelungen ist. So dürfte es sich auch mit Taqiyaddins Erfindung verhalten haben. Das gute an Taqiyaddins Erfindung war: Seine Idee des vertikalen Dönerspießes funktionierte auch mechanisch, also ohne Dampfkraft. Die Idee und die Skizze waren 1546 in der Welt. Wir plädieren deshalb dafür, den Gelehrten Taqiyaddin als Erfinder des ersten (mechanisch betriebenen) Döner-Grillgerätes in die Ahnen der Vorväter aufzunehmen.

## Döner Kebap als Fast Food

Zurück in die Neuzeit. Auch wenn die Allgegenwärtigkeit des Döner Kebaps in Deutschland anderes nahelegt: zum schnellen Volksgericht taugte er bis in die Siebzigerjahre des 20. Jahrhunderts nicht. Denn der arbeitsintensive Drehspieß ist nur dann ein sinnvolles Gericht, wenn er für einen größeren Abnehmerkreis zubereitet wird. Und der fand sich in der Vergangenheit in der bäuerlich geprägten Türkei außer zu Festangelegenheiten nur an wenigen Orten. Auf dem Land wurde ohnehin zu Hause im Kreise der Großfamilie gegessen. Und die Bauern verbrauchten bei ihren Mahlzeiten traditionell nur wenig Fleisch. Vieh war zu wertvoll, um es außer zu wenigen Anlässen im Jahr wie dem Opferfest oder auf Hochzeiten selbst zu verzehren. Hauptnahrungsmittel waren Joghurt, Weizengrütze (Bulgur) und eben die Suppe (*çorba*).

Auch in Mittelschichtskreisen der Metropolen wie Istanbul wird bis heute im Vergleich zu Deutschland wenig Fleisch gegessen. Und die Mittelmeerkost der Küstenregionen des Landes wird von Gemüse, Salaten, Olivenöl und Fisch dominiert, nicht von Fleisch. Das war mit ein Grund, weshalb man zu Renan Yamans Jugendzeit in den Vierzigerjahren in Istanbul vergeblich nach Döner Kebap im Straßenverkauf Ausschau hielt. »Damals gab es neben dem heute noch existierenden ›Konyalı‹-Restaurant im Topkapı Serail in der Nähe des Taksims einen Armenier, der einen guten Döner Kebap produzierte, auch in Ankara gab es nach meinen Kenntnissen nur einen Spezialisten.«

Und der Anfang der Sechzigerjahre in Istanbul geborene Historische Urbanist Orhan Esen erinnert sich: »Döner, das war etwas für die obere Mittelschicht. In meiner Kindheit gab es in der ganzen Metropole nur vier, fünf Restaurants, die Döner auf der Speisekarte hatten. Sie befanden sich alle am Westrand der Stadt im

Bezirk Küçükçekmece, nahe den Weideflächen für die Rinder und Kühe. Sie haben eigens gezüchtetes, hochwertiges Fleisch angeboten. Zum Döneressen fuhr man praktisch raus aufs Land zum Viehzüchter.« Und zum Iskender-Kebap-Essen sei man nach Bursa gefahren, zum Familien-Skiurlaub. »Als Kinder ist es uns gar nicht in den Sinn gekommen, dass es sich bei dem Istanbuler Döner und dem Iskender Döner um die gleiche Speise handeln könnte.«

Doch kehren wir zurück aus dem verfeinerten Geschmack der oberen Mittelschicht in die breite Masse der finanzschwächeren Bevölkerung und ihren Konsum- und Essgewohnheiten. Der durchschnittliche tägliche Fleischverzehr liegt in der Türkei mit rund 55 Gramm pro Kopf am Tag deutlich, nämlich 40 Prozent, unter dem weltweiten Durchschnittskonsum. Und er beträgt nur rund ein Drittel von dem, was in Deutschland pro Kopf und Tag konsumiert wird – trotz kontinuierlichen Rückgangs des Fleischkonsums in den zurückliegenden zwanzig Jahren.

Anders als in Deutschland waren in der Türkei die Entwicklungsbedingungen für ein Fleischgericht wie den Döner Kebap eher schlecht. Auch wenn sich, wie nahezu überall auf der Welt, mit der Industrialisierung der Gesellschaft und der Auflösung sowohl bäuerlicher Milieus als auch der traditionellen Großfamilien in der Türkei das Essverhalten ebenfalls verändert hat. Im Zuge der Mechanisierung der Landwirtschaft überrollte die große Flucht vom Land die Städte. Istanbul entwickelte sich innerhalb von fünfzig Jahren von einer Stadt mit einer Million Einwohnern im Jahr 1969 zu einer der heute weltweit größten Metropolen mit mehr als fünfzehn Millionen Einwohnern. Unter ihnen viele Wanderarbeiter ohne Familie, Kinder und Küche. Die Zeit für Street Food, zu dem auch der Döner Kebap gehört, war auch in der Türkei reif. Der Fleischkonsum war für die in Istanbul als Tagelöhner oder Hilfsarbeiter gestrandeten anatolischen Bauern in den Sechziger- und Siebzigerjahren ein Zeichen des Wohlstands. Und den kann man mit bescheidenen Mitteln am besten öffentlich zur Schau stellen, wenn man an der Straßenecke vor aller Augen einen Döner isst. Dabei spielt es dann auch keine Rolle mehr, dass sich bis heute im Vergleich zu Deutschland in dem halbierten Weißbrot oder Pide recht wenig Fleisch wiederfindet.

Die »bessere« Gesellschaft und die Jugendlichen zog es bereits in den Achtzigerjahren nicht an die Dönerimbisse, sondern in die Sandwichbars. 1983 arbeitete ich für einige Wochen in einem Hamburgerladen, dem Sanus-Büfe, unweit der Süleyman Moschee. Vor allem Studentinnen und Studenten stürmten zur Mittagspause das enge Lokal. Auch hier war es vor allem eine Frage des Prestiges: Wer kann sich für viel Geld eine relativ bescheidene Mahlzeit, wenngleich mit internationalem Ruf leisten? Das Erfolgsgeheimnis des Imbisses, in dem die Hamburger von mir in einer Nische mithilfe des Schraubverschlusses einer Orangensaftflasche aus der Hackfleischmasse gestochen wurden: hier in der »westeuropäisierten« Zone traf man die hübschesten Studentinnen und die coolsten Jungs, und die Enge der Räumlichkeiten erlaubte sogar den einen oder anderen körperlichen »Kontakt«. Die in den Achtzigerjahren ansonsten allgegenwärtig auf Tradition, Sitte und Anstand achtenden älteren Istanbuler hielten sich fern. Sie aßen ein paar Lokale weiter das altehrwürdige Köfte, die kleinen wohlschmeckenden türkischen Buletten.

Wenige Jahre später, in den Neunzigern, hat McDonald's die Bedeutung von Plätzen wie dem Sanus Büfe als Flirtstrecke für die Istanbuler Jugend verdrängt. Auf die Frage »Warum gehen Sie bei McDonald's speisen?« erntete der Istanbuler Journalist Ömer Erzeren entgeisterte Blicke von dem angesprochenen jungen Mann: »Sieh doch die Lebendigkeit, das moderne zivilisierte Leben. Wo kommen sonst noch so viele junge Leute zusammen? Und wo kann ein 17-jähriges Mädchen alleine hin, ohne angemacht zu werden? Mein junger Interviewpartner hat recht: Der Ort ist ein Paradies für Schülerinnen und Schüler. Ein Junge streichelt einem Mädchen die Haare. Liebschaften beginnen und enden hier. Was zählen schon die Nivellierung des Geschmacks, die schwarze Brühe, die sich Kaffee nennt, die recht teuren Preise und die engen und dreckigen Toiletten?«[30] Heute trifft sich die obere Mittelschicht längst nicht mehr bei McDonald's. Die Burgerkette ist in den türkischen Städten inzwischen zwar allgegenwärtig, aber eher zu einem Treffpunkt für die nicht so einkommensstarken Schichten geworden. Die Gebildeten und die Wohlhabenderen treffen sich in stylischen Cafés und Kaffeeröstereien, in Grill- und Tapas-Läden und in Imbissen mit veganem und vegetarischem Angebot. Sie unterscheiden sich nur wenig von der Szene am Prenzlauer Berg.

Theorien, wonach sich der Döner Kebap erst nach seinem triumphalen Erfolgszug in Deutschland als Sandwich in der Türkei durchgesetzt habe, widersprechen die Experten. Renan Yaman: »So zwischen 1965 und 1970 begannen in der Türkei die ersten kleinen Büfes, Döner auf der Straße zu verkaufen.« Und Hedda Reindl-Kiel: »Den Döner im Straßenverkauf gab es zwar selten. Aber ich kann mich gut daran erinnern, dass er im Großen Bazar bereits in den sechziger Jahren angeboten und von Angestellten der Geschäfte in der Mittagspause gegessen wurde.«

Einer der ersten Orte, an denen der Döner in Istanbul als Street Food verkauft wurde, war der Taksim-Platz im Stadtteil Beyoğlu. Dort, wo die İstiklal Caddesi, eine Flanier- und Vergnügungsmeile der Stadt, in den Taksim Platz mündet, befinden sich heute fünf Döner Büfes mit je zwei mächtigen Spießen – einer aus Geflügelfleisch und einer aus Rindfleisch. Diese räumliche Konzentration der Döner ist im touristischen Istanbul einmalig und deshalb ein beliebtes Fotomotiv für

Touristen, weil vermeintlich so typisch Türkisch und authentisch. Das »Öztürkler Büfe« wurde 1970 eröffnet, das »Bariş Büfe« 1974 und der »Taksim Döner« reklamiert für sich, bereits seit 1934 an diesem Ort Döner zu verkaufen. Dies ist sicherlich richtig, aber gleichwohl unwahrscheinlich, dass »Taksim Döner« den Döner in den Dreißiger-, Vierziger- und Fünfzigerjahren bereits als Street Food angeboten hat. Aber eines steht fest: In den frühen Siebzigerjahren waren die gesellschaftlichen Verhältnisse sowohl in Deutschland als auch in der Türkei so weit entwickelt, dass dem weltweiten Siegeszug des Döner Kebaps als Imbiss nichts mehr im Wege stand.

Auch wenn der Döner to go in den zurückliegenden Jahrzehnten in der Türkei immer beliebter wurde, hat er bis heute eine mit Deutschland vergleichbare Verbreitung und Popularität zu keinem Zeitpunkt erlangen können. Der Istanbuler Historische Urbanist Orhan Esen erklärt warum: »Der Inhalt und Stellenwert des Döners als Imbiss-Essen in der Türkei und Deutschland sind nur bedingt vergleichbar, eigentlich gar nicht. Der deutsche Döner ist nach wie vor eine gute Alternative für die volle Mahlzeit im Stehen und das ist, was man in Istanbul eher vermeidet – im Stehen essen. Der türkische Döner-im-Brot ist ein schneller Snack zwischendurch und wird als kleine Portion mit *sehr* wenig Drumherum serviert. Die Simit- und Börekläden etwa bieten Alternativen zum türkischen Döner als Snack und werden auch im Stehen gegessen. Die Lokantas und die Köfte- und Mantıläden[31] dagegen sind eher Alternativen zum deutschen Döner, da die Portionen größer und damit eine volle Mahlzeit sind. Falls der Döner eine volle Mahlzeit sein soll, wird er auch heute noch im Sitzen als Tellergericht in einem Lokal gegessen.«

Das alles sind Gründe, weshalb die Versuche, den Döner Kebap in seiner hybriden Form des Deutschen Döners in die Türkei zu reimportieren, bislang gescheitert sind. Dafür sind die Geschmäcker dann doch zu verschieden – und das Qualitätsbewusstsein der türkischen Konsumenten. Der geläufige Imbissdöner in der Türkei ist ein Yaprak-Döner aus mariniertem und geschichtetem Rindfleisch. Lamm- oder Hammelfleisch wird auch hier heute nur noch sehr selten verwendet. Döner aus Gehacktem, also Buletten am Spieß, findet man in der Türkei nicht. Wenn die Menschen Appetit auf Gehacktes haben, dann essen sie lieber gleich Hamburger oder das traditionelle Köfte, die türkische Form der Bulette. Auch sind die Dönerportionen nicht so mächtig wie in Deutschland, wo der Fleischanteil über die Jahrzehnte immer größer wurde und heute bis zu 200 Gramm erreichen kann. In der Türkei dagegen wird das Dönerfleisch an vielen Dönerständen abgewogen und der Kunde sagt an, wie viel es in seinem Sandwich sein sollen: 60 Gramm, 80 Gramm, 100 Gramm oder 120 Gramm, was bereits als volle Portion gilt. Dazu gibt es zwei, drei Stücke Tomaten und auf Wunsch auch

Zwiebeln. Der Eigengeschmack des Fleisches wird anders als in Deutschland nicht mit Salaten und scharfen oder knoblauchhaltigen Soßen übertönt.

Seit einigen Jahren wird der Chicken-Döner auch in der Türkei immer populärer. Der Grund: Das Hormonfleisch ist billig und ein Chicken-Döner kostet nur wenig mehr als die Hälfte eines Rindfleisch-Döners. Geflügelfleisch ist die Volksverpflegung geworden und für viele Menschen die einzige Möglichkeit, an tierisches Protein zu gelangen.

Erfolge hat der German Döner in der Türkei nur in den Tourismusregionen, wo Millionen von Deutschen ihren Urlaub verbringen. Trotz seiner Ursprünge in der Türkei ist der Döner Kebap à la Berlin inzwischen also etwas typisch Deutsches.

**Das Rezept des Kochs Necip Ertürk**

*nacherzählt von Renan Yaman*

Ich werde Ihnen hier keine Beschreibung mit Maßangaben geben. Nur so viel: der echte Geschmack des Döner Kebaps kann nur erreicht werden, wenn er aus Hammelfleisch hergestellt wird. Um einen guten Döner machen zu können, muss man über Praxis und Erfahrung verfügen, das Fleisch in wenige große Stücke in Papierstärke zu schneiden. Der andere wichtige Punkt ist die Entfernung der Sehnen aus dem Fleisch, was natürlich genaue Kenntnisse darüber verlangt, wo diese zu finden sind.

Ein Wort zur alten Streitfrage: Gehört in den Döner Kebap Hackfleisch oder nicht? In meinem langjährigen Berufsleben bin ich dazu gekommen, dem Döner im Verhältnis ein Drittel Hackfleisch hinzuzufügen. Allerdings wird dieses Hackfleisch während der Zubereitung des Fleisches für den Döner aus dem gleichen Fleisch nach Entfernung der Sehnen hergestellt. Soweit ich von den Köchen der Paläste und Schlösser gehört habe, fügten auch sie Hackfleisch hinzu.

Die zweite wichtige Angelegenheit ist das Würzen und Vorbereiten des Dönerfleisches. Jeder Koch hat seine eigene Form der Vorbereitung. Manche legen das Fleisch am Abend in Milch, wenig Ei, Olivenöl, Salz, schwarzen Pfeffer und Zwiebelsaft ein. Manche lassen das Ei und die Milch weg. Welche davon ist besser? Nach meiner Auffassung ist eine übermäßige Vorbereitung des Fleisches nicht gut. Es besteht die Gefahr, dass der Eigengeschmack des Fleisches vom Geschmack der Gewürzlake überlagert wird. Ebenso sollte man zu viel Zwiebelsaft vermeiden. Denn dieser ändert sowohl den Geschmack des Fleisches als er es auch nachdunkeln lässt. Zum Dritten sollte man auch keine zu vielfältigen Gewürzmarinaden benutzen, da sonst die Gefahr besteht, dass der Geschmack des inneren Teils des Dönerkegels, der während des Bratens noch nicht gargekocht ist, zerstört wird.

Wenn Sie das Fleisch so dünn, wie ich es beschrieben habe, zuschneiden können, besteht keine Notwendigkeit, es schon am Abend vorher einzulegen. Benutzen Sie von den beiden folgenden Marinaden die von Ihnen bevorzugte, um das Fleisch am Morgen darin einzulegen.

Rezept A
Für 1 kg von Knochen und Sehnen befreites Fleisch:
1/2 Mokkatasse Zwiebelsaft mit einem 3/4 Wasserglas raffiniertem pflanzlichen Öl.

Rezept B
Für 1 kg von Knochen und Sehnen befreites Fleisch:
1/2 Mokkatasse Zwiebelsaft mit einem 1/2 Wasserglas raffiniertem pflanzlichen Öl und 1/2 Wasserglas kalter Milch.

Legen Sie ein Kilo des Fleisches in ein dafür ausreichend großes Gefäß und fügen Sie die gewünschte der beiden Marinaden ohne den Zwiebelsaft hinzu. Massieren Sie die Marinade in das Fleisch ein und lassen Sie es zwei Tage im Kühlschrank stehen. Danach fügen Sie den aus den Zwiebeln gepressten Saft hinzu und lassen das Fleisch, nachdem sie den Saft einmassiert haben, weitere 24 Stunden im Kalten stehen. Lassen Sie die Marinade abtropfen und würzen sie mit Salz und Pfeffer nach. Können Sie das Fleisch nicht in der beschriebenen Form zuschneiden, müssen Sie es mehrere Tage einlegen.

Wenn Sie mich fragen, welches Fleisch für den Döner Kebap geeignet ist, so sollte es zu 80 Prozent Hammelkeule sein, aber auch die anderen Teile des Hammels oder des Lamms - außer Bein und Kamm - können Sie benutzen. Auch darf man nicht vergessen, dass ein Fünftel des Döners aus dem Fett des Lamms besteht. Um dem Hackfleisch, das zwischen die Schichten kommt, einen besonderen Geschmack zu geben, ist es empfehlenswert, es kräftig zu würzen und gut durchzukneten.

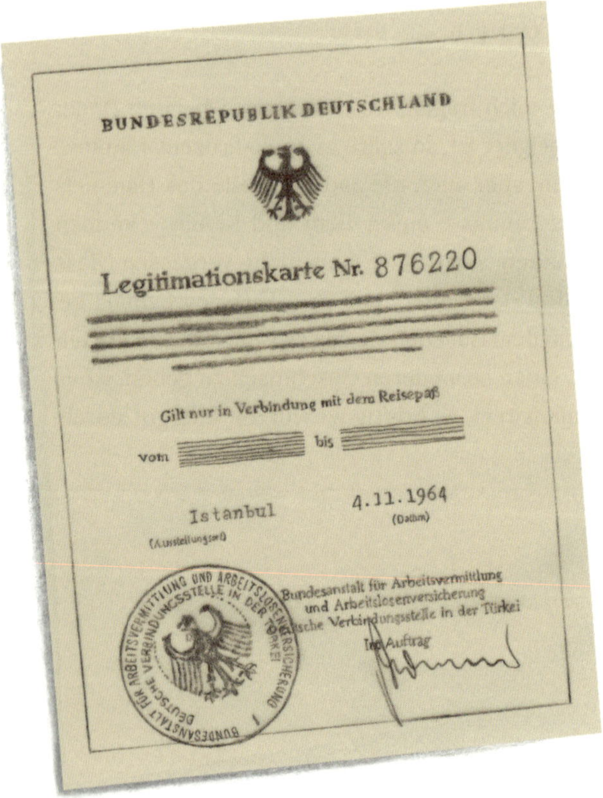
BUNDESREPUBLIK DEUTSCHLAND

Legitimationskarte Nr. 876220

Gilt nur in Verbindung mit dem Reisepaß

vom bis

Istanbul 4.11.1964
(Ausstellungsort) (Datum)

BUNDESANSTALT FÜR ARBEITSVERMITTLUNG UND ARBEITSLOSENVERSICHERUNG
DEUTSCHE VERBINDUNGSSTELLE IN DER TÜRKEI

Bundesanstalt für Arbeitsvermittlung
und Arbeitslosenversicherung
…sche Verbindungsstelle in der Türkei
Im Auftrag

# 3.
# WIE DER DÖNER ÜBER DIE DEUTSCHEN KAM

Wann und wo gab es den ersten Döner Kebap in Deutschland? »Der erste Dönerimbiss machte 1971 in der Adalbertstraße, Ecke Oranienstraße, auf. Im damaligen ›Asma Altı‹, was ›Unter den Weinreben‹ heißt. Er wurde von Kör-Bilal, dem blinden Bilal, und seiner Familie betrieben.« So die Erinnerung Filiz Yürekliks. Sie kam 1964 als eine der ersten türkischen »Gastarbeiterinnen« nach Berlin. An Wochenenden lief sie nach turbulenten und durchtanzten Nächten mit ihrer Clique regelmäßig gegen vier Uhr morgens dort auf. Nach alter türkischer Tradition aßen die Fließbandarbeiterinnen von AEG und Telefunken vor dem Nachhauseweg eine işkembe çorbası (Kuddelsuppe). Eine mit viel Knoblauch, Essig und Zitrone angereicherte Suppe, der eine ausnüchternde Wirkung nachgesagt wird. Als Kör Bilal mit seinen zwölf Kindern nach Adana zurückkehrte, wechselte die Clique zu Bolkepçe.

»Den ersten Dönerspieß in Berlin? Den gab es Ende der Sechzigerjahre als Tellergericht im vornehmen Restaurant ›Istanbul‹ in der Knesebeckstraße«, behauptet dagegen Ahmet Yeter, Betreiber des Bolkepçe am U-Bahnhof Görlitzer Straße bei meinen Recherchen nach den Wurzeln des Döner Kebaps 1995. »Ich eröffnete allerdings am 12. Oktober 1971 den ersten türkischen Imbiss in Berlin. Zunächst gab es nur Hähnchen, ab 1973 dann auch Döner Kebap.« Ahmet Yeter hatte in seinem früheren Leben als Arbeiter bei Eternit gearbeitet. Mitte der Neunzigerjahre ist er eine Kreuzberger Institution. Als er seinen Imbiss mit dem Charme der Lokantas anatolischer Busbahnhöfe eröffnete, wurde ihm die Tür von der anfänglich überwiegend türkischen Kundschaft im wahrsten Sinne des Wortes eingerannt. Tag und Nacht herrschte Hochbetrieb. Das Schloss der Eingangstür ging kurz nach der Eröffnung kaputt. 15 Jahre lang, bis zu einem Umbau im Jahr 1987, musste es nicht repariert werden. Hier bewahrheitete sich der Spruch »Berlin ist durchgehend geöffnet«. Ein »Türkenlokal« sollte Bolkepçe allerdings nie sein. Demonstrativ wird die deutsch-türkische Freundschaft beschworen. Über der Eingangstür sind die türkische und deutsche Flagge gezeichnet, aus ihnen heraus umfassen sich zwei Hände zum Gruß. Die 76-jährige Rentnerin aus Neukölln nimmt die Einladung an: »Ich esse seit 15 Jahren meinen Kebap bei Ahmet. Mir schmeckt er hier am besten.« Jede Woche fährt sie einmal von Neukölln nach Kreuzberg, um in familiärer Umgebung ihren Döner zu essen. Bei allen Verdiensten für die deutsch-türkische Verständigung – der Gründervater des Berliner Döners ist Ahmet Yeter wohl doch nicht. »Nein, Bolkepce war nicht der Erste. Ibrahim Keyif war es. Er eröffnete 1969 einen Dönerimbiss in der Potsdamer Straße«, widerspricht Akyıldız. Er will seinerseits 1969 den ersten türkischen Export-Import-Laden Berlins eröffnet haben. Der Erfolg hat offensichtlich viele Väter.

Obgleich die Anfänge der türkischen Gastronomie in Deutschland bis heute weitgehend im Dunklen liegen, weiß man zumindest dies: In Berlin gab es bereits seit dem Kaiserreich ein türkisches Restaurant in der Kantstraße. Eröffnet wurde es von einem Onkel des 2013 verstorbenen Berliner Arztes Ümit Uygun.[32] Der Onkel kam 1917 in die Stadt, als offiziell 2046 Türken in der Stadt lebten. Es waren Militärs, die ihre Ausbildung in der kaiserlichen Armee erhielten, dreihundert Handwerkslehrlinge und vor allem türkische Arbeiter in der Zigarettenindustrie. Ein Jahr nach dem Zweiten Weltkrieg eröffnete – wieder in der Kantstraße – das Restaurant »Topkapı«. Im Gaststättenverzeichnis für Berlinbesucher aus dem Jahr 1970 wird es als »Original türkisches Restaurant« beschrieben. 1960 eröffnet nicht weit davon entfernt in der Knesebeckstraße das »Istanbul«. Hier soll es nach Informationen des *Schlemmer Atlas* 1975 immer freitags und samstags die »Spezialität Dönerkebab« gegeben haben. Auch in Frankfurt am Main gab es den ersten Döner Kebap nach Recherchen der Historikerin Maren Möhring bereits 1960 zu essen: »Schon 1960 bekam man im Restaurant ›Bosporus am Main‹, so ein Artikel im gleichen Jahr, ›spießfrisch‹ vom Fleischkegel abgeschnittene Streifen auf einem mit

›Pilaf und Tomaten vorbereiteten Teller‹ serviert. Der türkische Besitzer des Restaurants hatte sowohl den notwendigen ›Vertikalbräter‹ wie den Meisterkoch für die Zubereitung des Döner Kebaps aus der Türkei kommen lassen. Die ›türkische Spießbratenschau mitten unter den Gästen‹ stellte damals eine ›kulinarische Attraktivität‹ dar. ›Bosporus am Main‹ soll laut Zeitungsbericht 1960 das einzige Restaurant in Europa gewesen sein, das Döner Kebap servierte. Trotz des Bemühens um Authentizität, die sich dieses ›alttürkische Restaurant‹ auf seine Fahnen geschrieben hatte, wurde im ›Bosporus am Main‹ statt des in der Türkei damals üblichen Lamm- und Hammelfleisches ausschließlich Kalbsfleisch verwendet, entsprach dies doch eher dem ›europäischen Geschmack‹.«[33] Bei dieser frühen Mutation der fleischlichen Zusammensetzung des Döner Kebaps sollte es bis heute bleiben.

Wer waren diese Pioniere der türkischen Gastronomie in Deutschland? »Bei diesen vor der Etablierung der migrantischen Ökonomie in den 1970er-Jahren eröffneten türkischen Gaststätten handelte es sich oft um Gründungen professioneller Gastronomen (oder von Akademikern und Freiberuflern), die für eine türkische, aber auch deutsche Klientel aus dem universitären, diplomatischen oder künstlerischen Bereich türkische Spezialitäten anboten. Entsprechend wurden diese Gaststätten in Charlottenburg, in der Nähe des Savignyplatzes, und damit in einem der gastronomischen

Zentren Berlins, eröffnet und nicht in den Stadtvierteln, in denen die meisten türkischen Migranten lebten beziehungsweise künftig leben sollten.«[34]

Die Wiege des Döner Kebaps als Street Food waren diese Restaurants allerdings nicht. Zu elitär waren die Gäste, zu teuer die Menüs. Nicht als Tellergericht, sondern als im Straßenverkauf angebotenes Fast Food hatte der Döner Kebap seinen Durchbruch. Und ein Fast-Food-Imbiss war das »Bosporus am Main« nun wahrhaftig nicht. Also weiter mit der ethnografischen Suche.

## Gründungsmythen

Eine ganz eigene Geschichtsauffassung über die Entstehung des neuen Street Foods vertritt der Currywurst-Experte Gerd Rüdiger: »Überhaupt fing die Geschichte der Döner-Kebap-Buden mit der Berliner Currywurst an. Als nämlich die ersten Türken nach Berlin kamen, kannten sie Kebap nur als Tellergericht. Das wollten sie den Berlinern dann auch gerne als türkische Spezialität anbieten. Lange wussten sie nicht, warum das nicht funktionierte, bis sie bemerkten, dass die Berliner, wie sonst kaum ein anderes Völkchen, bevorzugt auf der Straße essen. Also nahmen sie ihr Lammfleisch vom Teller, viertelten die runden Fladenbrote und benutzten diese Brotviertel als Taschen. Fortan nahmen die Berliner Döner an – sie nahmen es auf die Faust.«[35]

Gerd Rüdigers Erklärung hört sich für Lokalpatrioten überzeugend an. Sie wertet die in Bedrängnis geratene Currywurst in ihrer Bedeutung auf, und sie bedient das notorische Bedürfnis vieler Berliner nach historischer Größe. Aber so richtig überzeugen kann diese These nicht, auch wenn sie an anderer Stelle Unterstützung erfährt. »Wer mit kulinarischen Erfahrungen aus der Berliner Imbiss-Szene in die Türkei fährt, wird den beliebten Döner Kebap auf dem Teller serviert bekommen. Im Jahre 1987 eröffnete eine große amerikanische Fast-Food-Kette in Istanbul. Wahrscheinlich ist es nur eine Frage der Zeit, bis auch der Typ des Berliner Dönerimbiss als kulinarischer Reimport das gastronomische Angebot in den türkischen Städten erweitert. Der Berliner Dönerimbiss – vieles spricht für diese These – scheint aus der langen Imbisstradition in dieser Stadt (Rost-, Brat- und Currywurst) entstanden zu sein. Es waren türkische Gastronomen, die diese Tradition aufgegriffen, durch heimische Elemente verändert und durch orientalische Elemente verändert haben.«[36] Neue Weltenläufe entstehen, wenn Berliner sie interpretieren. Tatsächlich wurde der Döner in Istanbul, schon Jahre bevor er in Berlin bekannt wurde, als Sandwich angeboten. Nur die Form und Zubereitungsart unterschied sich von der Berliner Variante.

Seit Jahrzehnten wurden die Legenden über den Vater und Erfinder des Döner Kebaps in Deutschland weitergesponnen. So behauptet der Verein Türkischer

Dönerhersteller in Europa (ATDID) mit der ganzen Autorität seines gewichtigen Namens, Kadir Nurman habe 1972 am Bahnhof Zoo den ersten Döner in Deutschland verkauft. Am 27. März 2010 erzählte Kadir Nurman gegenüber der Berliner BZ: »Alles begann gegenüber vom Bahnhof Zoo in einem 17 Quadratmeter großen Imbiss, einem Teilbereich des heutigen McDonald's.«[37]

Auch Remzi Kaplan, Deutschlands bekanntester Dönerproduzent, legt sich fest: »Kadir Nurman ist der wahre Döner-Erfinder. Vor allem ihm ist es zu verdanken, dass der Snack so bekannt wurde und jetzt sogar eine eigene Messe bekam.« Im September 2011 wurde der damals 78-jährige Kadir Nurman auf der Döner & Gastronomie Messe, DÖGA, in Berlin schließlich vom Verein Türkischer Dönerhersteller in Europa als Erfinder des Döner Kebaps geehrt und für sein Lebenswerk ausgezeichnet. Wir gönnen dem 2013 Verstorbenen diese Auszeichnung von ganzem Herzen. Und ihm steht in der Ahnengalerie der Dönerpioniere ein Ehrenplatz zu. Dafür, dass er im Herzen Westberlins einen wichtigen Beitrag zur Popularisierung des neuen Fast Foods geleistet hat. Aber er war mit Sicherheit nicht der Erste, der den Deutschen den Döner Kebap als Street Food näherbrachte. Ebenso wenig wie Mehmet Aygün, Miteigentümer der weltberühmten »Hasir«-Restaurantkette, welcher diese Rolle zwischenzeitlich ebenfalls für sich reklamierte.

2012 war für die selbstbewusste Berliner Dönerbranche ein bitteres Jahr. Mit einem vergilbten Foto aus dem Jahr 1969 forderte Nevzat Salim, die Geschichte des Döner Kebaps in Deutschland umzuschreiben. Es zeigt den damals 16-jährigen Nevzat im baden-württembergischen Reutlingen mit seinem Vater auf dem Stadtfest am Dönergrill. Heute betreibt Salim eine eigene Facebook-Seite, »The first German Döner«, und kämpft darum, offiziell als derjenige anerkannt zu werden, der den Döner Kebap nach Deutschland brachte. Ein entsprechendes Logo ist entwickelt und knapp 500 Menschen folgen bereits Salims Facebook-Seite. Als ich Remzi Kaplan mit dieser Geschichte konfrontiere, schmunzelt er und winkt ab: »Wie hört sich das denn an, der Döner sei in Reutlingen erfunden worden.« Dabei ist das Foto mit Salim authentisch, wie auch seine Geschichte dazu. 1968, so berichtet Salim, habe sein Vater, der seit 1963 als Gastarbeiter in Deutschland lebte, das Döner-Grillgerät mit seinem Ford-Transit von Bursa nach Reutlingen transportiert. Mit im Gepäck ist auch der 15-jährige Nevzat, der nach der Migration seines Vaters zunächst weiterhin in Bursa lebte. »Ich habe dort als Lehrling im ›Iskender‹-Restaurant gearbeitet, wo der Döner Kebap 1867 erfunden wurde. Wissen Sie, in meiner Kindheit war es in der Türkei normal, dass man mit zwölf Jahren anfing zu arbeiten.« So war das wohl in einem Land, in dem in den Siebzigerjahren die Schulpflicht nur fünf Jahre betragen hat. 1969 baute Nevzat, inzwischen ist er sechzehn Jahre alt, mit seinem Vater den Döner-Grill erstmals auf dem Stadtfest in

Reutlingen auf. Er verkaufte seinen Döner Kebap, den die Reutlinger zunächst für Leberkäse hielten, in großen Brötchen oder in »Weckle«, wie die Schwaben sagen, schlicht weil es damals noch kein türkisches Fladenbrot gab. »Gekostet hatte die Portion vier Mark«, erinnert sich Salim. Diese Gründungsgeschichte des Döner Kebaps in Deutschland hat Charme: Wer kann den Döner Kebap authentischer nach Deutschland bringen als ein 16-jähriger Teenager, der drei Jahre lang als Laufbursche des weltbekannten »Iskender«-Restaurants in Bursa, des einen von zwei Geburtsorten des Döner Kebaps, das Handwerk von der Pike auf gelernt hat? Auf die Frage, warum seine Familie nur auf dem Straßenfest Döner verkaufte und nicht bereits 1969 einen Dönerimbiss eröffnete, gibt Salim eine plausible Antwort: »Es war damals für Türken praktisch unmöglich, eine Gewerbeerlaubnis zu erhalten und somit einen Imbiss oder ein Restaurant zu eröffnen.« Aber Salim blieb im Fach und arbeitete über Jahrzehnte als erfolgreicher Koch und betrieb Restaurants – es waren keine türkischen, sondern renommierte deutsche Restaurants und Ratskeller. Heute organisiert der 69-Jährige Dönerpartys und kämpft nun darum, als der Mann in die Geschichtsbücher einzugehen, der den Deutschen den Döner näherbrachte. Bei aller Wertschätzung und Sympathie für seine unbestreitbaren Verdienste kann aber auch Nevzat Salim den Titel »Vater des Döner Kebaps« nicht für sich reklamieren.

## Entwicklungshilfe aus Griechenland

Die Geschichte des Döner Kebaps erfordert Aufrichtigkeit. Deshalb muss zur Sprache kommen, was so manche Türken kränken mag: Der Döner ist keine Erfindung der Türkei, denn die Türkische Republik gibt es erst seit 1923. Der Döner ist eine Erfindung des Osmanischen Reiches. Und im Osmanischen Reich, das sich einst vom Balkan über Griechenland, dem anatolischen Kernland, die arabische Halbinsel bis hin nach Algerien erstreckt hatte, lebten nicht nur Türken. Neben Türken zählten Millionen von Arabern, Armeniern, Kurden, Griechen, Juden und andere Minderheiten zum Reich. In Städten wie Istanbul/Konstantinopel, Izmir/Smyrna, Diyarbakir/Amid oder Urfa konnten die Minderheiten durchaus die Mehrheit sein. Das ist für den transkulturellen Austausch in den Küchen nicht folgenlos geblieben. Neben dem Döner Kebap gibt es im arabischen Raum, der über Jahrhunderte in weiten Teilen zum Osmanischen Reich gehörte, den Schawarma und bei den Griechen den Gyros. Sowohl der Schawarma als auch der Gyros werden wie der Döner am vertikalen Spieß zubereitet. Ob es im Osmanischen Reich den Schawarma oder den Gyros historisch bereits vor der Erfindung des Döner Kebaps Mitte des 19. Jahrhundert gegeben hatte, dieser Frage werden wir hier nicht weiter nachgehen. Sie ist für die Geschichte des Döner Kebaps in Deutschland auch nicht relevant – allerdings sollten sich Ethnologen und Historiker dieser Frage noch genauer und intensiver widmen.

Wichtig ist für unsere Geschichte nur dies: Der Gyros tauchte als Street Food vor dem Döner in Deutschlands Städten auf. Bevor die Migranten aus der Türkei auf den Dreh mit dem Döner kamen, waren junge, weltoffene Westberliner bereits treue Fans der Variante aus Schweinefleisch. Im Mai 1969 eröffnete am Kurfürstendamm in Berlin der legendäre »Athener Grill« seine Pforten. Generationen von Studentinnen und Studenten und Nachtschwärmer pilgerten in das Schnellrestaurant, um in langen Warteschlangen den beiden Drehspießen ihre Verehrung und Verzückung zu zollen. Die extrem knoblauchhaltige Soße und das kleine Pide waren ein Geheimtipp. Ihr Ruf reichte weit bis in die westdeutsche Provinz. Umso erschreckender die Meldung im September 1995: »Aufgrund angeblicher Steuerschulden von 3,7 Millionen Mark beschlagnahmte die Finanzbehörde das Mobiliar des ›Athener Grill‹.«

Die Ausrüster der Imbissbetriebe würdigten in ihren Werbebroschüren bis weit in die Neunzigerjahre die griechischen Pioniere des Drehbratens. So wurden die »Döner-Grillgeräte« und »Dönerschaufeln« bis in die zweite Hälfte der Neunzigerjahre als »Gyros-Grillgeräte« und »Gyros-Zubehör« angeboten, obgleich die griechische Variante des Drehbratens gegenüber dem Döner bereits ein Schattendasein fristete. Die Firma

Neumärker warb 1995 mit folgendem Text für ihre schwenkbaren Ceranheizkörper: »Gyrosfleisch vom Gyrosgrill – eine unverkennbare Spezialität aus dem Balkan und Nahost. Die krosse Bräunung, die durch die Intensivhitze der Elektro- oder auch Gasstrahler am gedrehten Fleischspieß entsteht, entwickelt an dem saftigen, reichlich gewürzten Fleisch eine besondere Geschmacklichkeit, die heute nicht mehr wegzudenken ist.« Kein Wort vom Döner. Die Firma »Brigitte Kaiser« immerhin bot ihre Gyrosgeräte bereits 1995 als auch geeignet zum Grillen für »Döner, Kebab und Schawarma« an. Gibt man heute bei Google »Gyros Grillgeräte« ein, werden nahezu ausschließlich Grillgeräte angezeigt, die als »Dönergrill« bezeichnet werden. Auch für den Algorithmus ist die Sache entschieden – der Döner hat das Rennen gemacht.

## Die Entstehung des German Döner

Die Frage, wer den deutschen Döner erfunden oder als Erster angeboten hat, lässt sich nicht seriös beantworten. Sie ist auch nur für eine Eventgesellschaft von Interesse, die ständig das Beste, Originellste, Ursprünglichste und Einzigartige sucht, um ihren Alltag aufzuhübschen und mit Bedeutung zu versehen. Ansonsten gilt: Gerichte und Küchen entwickeln sich in einem permanenten transnationalen Austausch weiter. Es ist dabei selten zu klären, wer am Anfang einer Entwicklung stand, die etwas Neues hervorbringt. Der Döner Kebap, wie wir ihn in Deutschland heute kennen, ist eine innovative Kreation, an deren Entwicklung Hunderte von ehemaligen Gastarbeitern aus der ersten und zweiten Generation beteiligt waren. Sie probierten, veränderten und entwickelten etwas weiter, das sie aus ihrer Heimat kannten, und erschufen etwas Neues, etwas Hybrides für den Markt in Deutschland.

Nicht vor einem einzelnen Menschen, sondern vor dieser Gründergeneration des Döner Kebaps ziehe ich meinen Hut. Ihr zolle ich Respekt. Und der Respekt und die Achtung vor dieser kollektiven Leistung verbietet es, dass eine einzelne Person für sich reklamiert, der Vater oder Erfinder des Döner Kebaps zu sein. Nach dreißig Jahren intensiver Beschäftigung halte ich an folgender Entstehungsgeschichte des Berliner und in der Folge des deutschen Döner Kebaps fest:

Ende der Sechzigerjahre registrieren Gastarbeiter bei Heimaturlauben Veränderungen des Speisezettels entlang der Route in ihre Heimatdörfer. Der an einigen Büfes angebotene Döner, in einem halbierten länglichen Weißbrot mit etwas Zwiebeln und Tomaten serviert, wurde gern angenommen. Er schonte die strapazierte Reisekasse, ließ sich sprichwörtlich im Vorbeifahren einnehmen, und sparte somit wichtige Minuten und Stunden beim waghalsigen Rennen »Berlin – Erzurum –

Berlin«. Auch die Tagträume und Gedanken während der eintönigen Fahrt entlang der E5 und durch die weiten Ebenen Anatoliens wandelten sich. In den Sechziger- und frühen Siebzigerjahren herrschte der Stolz über das in Deutschland Erreichte vor. Die Vorfreude auf die bewundernden Blicke der zurückgebliebenen Verwandten angesichts des erworbenen und zur Schau gestellten Wohlstands erwärmte das Herz. Sie entschädigte für Strapazen und das Heimweh.

Bis 1974, als die Beschäftigung von Arbeitnehmerinnen und Arbeitnehmern aus der Türkei mit 617531 ihren historischen Höchststand erreichte, war kaum einer der Reisenden daran interessiert, einen Imbiss oder einen Gemüseladen zu eröffnen. Sich zu verschulden, über Jahre an einen Kleinkrämerladen zu ketten, war keine erstrebenswerte Perspektive. Garantierte Tariflöhne, gesetzliche Urlaubsansprüche, Krankheits- und Altersvorsorge – was wollte man mehr? Lediglich 6000 Selbstständige gab es damals bundesweit unter den rund eine Million Eingewanderten aus der Türkei, die in Deutschland lebten. Einige Gemüseläden, Reisebüros und Lokale zur gemeindenahen Versorgung der Arbeitsmigranten wurden eröffnet. Mehr nicht. Eine selbstständige Erwerbstätigkeit passte nicht in die vorherrschende Lebensplanung. Und die lautete damals: Ein paar Jahre in der Fabrik arbeiten, möglichst viel Geld auf die hohe Kante legen und dann als gemachter Mann oder Frau in die Heimat zur Familie zurückkehren.

Aber mit der Rezession der Wirtschaft infolge der Ölpreiskrise von 1974/75 wurde die Hoffnung auf schnellen Wohlstand in Deutschland erschüttert. Die Arbeitslosenzahlen schnellten in die Höhe. Und die Zahl der sozialversicherungspflichtig Beschäftigten aus der Türkei sank innerhalb eines Jahres um 65 000. Sie reduzierte sich bis 1978 weiter auf 514 694. Vielen der Reisenden dämmerte: das deutsche Wirtschaftswunder ist offensichtlich keine endlose Erfolgsstory. »Almanya, Almanya« – der Traum zeigte unerwartete Schwächen. Die einst mit so schmeichelhaften Worten von den deutschen Betrieben Umworbenen lernten nun: als ungelernte Arbeiter im konjunkturabhängigen produzierenden Gewerbe, der Bauindustrie und im Bergbau flatterte ihnen als Erste die Kündigung ins Haus. Bereits während der Krise 1966/67 entfiel ein Drittel des Gesamtrückgangs der Beschäftigung auf die ausländischen Beschäftigten. Während die Zahl der Deutschen nur um drei Prozent zurückging, schrumpfte die Zahl der beschäftigten Ausländer um rund 25 Prozent. Noch stärker waren Ausländer während der Abschwungphase 1974/1975 betroffen: rund 44 Prozent des Beschäftigungsrückgangs entfielen nun auf sie. Plötzlich wurde die Gefahr, vom Betrieb vor die Tür gesetzt zu werden, greifbar. In wie vielen Daimlern und Ford Transits in der zweiten Hälfte der Siebzigerjahre solche Gedanken während der Fahrt ins Heimatdorf oder in die Gecekondus, den Armensiedlungen der Großstädte, durch die Köpfe geisterten, ist nicht mehr zu ermitteln. Auf alle Fälle verunsicherten der im November 1973 verhängte Anwerbestopp und die 1975 erfolgte diskriminierende Kürzung der Kindergeldsätze für Kinder, die im Heimatland geblieben waren, die Menschen zusätzlich. Nun waren sie zu einer Entscheidung gezwungen: Bleiben wir in Deutschland, dann müssen wir jetzt unsere Familien nachholen, oder kehren wir für immer in die Türkei zurück?

Wie vielen Familienvätern beim Zwischenstopp am Büfe in Anatolien der rettende Gedanke kam: »Das ist es! Ich eröffne einen Döner-Laden in Berlin!«, auch das wissen wir nicht mit letzter Sicherheit. Klar ist nur, dass in dieser Zeit der Dönerkult geboren wurde. Ahmet Yeter: »Ab 1973 ging es ganz schnell. Ein Dönerimbiss nach dem anderen eröffnete in Kreuzberg.« Und Filiz Yüreklik: »Wir Einwanderer sind, wenn es ums ökonomische Überleben geht, erfinderisch. Und der Döner ist eine Überlebensstrategie.«

Aber noch sollte es einige Jahre dauern, bis der Döner Kebap zu einem echten Berliner Hit wurde. Zum einen war der Döner Kebap vielen Deutschen schlicht unbekannt und zu exotisch. Zum anderen gab es heute kaum noch nachvollziehbare logistische Probleme. »Damals gab es noch keine Dönerproduzenten, alles musste ich selbst organisieren. Den Fleischeinkauf, den Döneraufbau, das Brot – alles«, erinnert sich Izzet Aydoğdu, den wir später noch etwas besser kennenlernen werden, mit Grauen. Einige erfolgreiche Probeläufe als Kebap-Verkäufer auf Pressefesten der Zeitung der Sozialistischen Einheitspartei Westberlins, *Die Wahrheit*, und Kreuzberger Straßenfesten ermutigten den Studenten, 1975 in der Wrangelstraße den Imbiss »Arkadaş« zu eröffnen. Ganz offensichtlich, so sein dabei gewonnener Eindruck, sind auch die Deutschen für den Döner zu gewinnen. Aber was als Finanzierungsquelle des Studiums gedacht war, endete mit einem bis zu zwanzigstündigen Arbeitstag. Denn der Metzger, der ihm zunächst den Döner baute, verlangte pauschal 150 Mark. Egal, ob er nun zehn oder hundert Kilogramm wog. Bei diesen Herstellungskosten ließ sich kein Gewinn machen. Also baute Aydoğdu nachts noch in stundenlanger Arbeit den Spieß auf, den er am anderen Tag verkaufen wollte. Nach einem Jahr gab Izzet Aydoğdu ausgelaugt und um viele Erfahrungen reicher auf. Sein Gelübde: »Nie wieder Döner!« 1990 wird er es brechen.

## Die Geburtshelfer

Während die ersten türkischen Berliner in Heimarbeit ihre Döner bauten, veränderte sich die Republik. Was als Begrenzung der Zahl der ausländischen Arbeitskräfte gedacht war, förderte in Wirklichkeit deren Zuzug. Nach Inkrafttreten des Anwerbestopps Ende 1973 stieg die Zahl der in Deutschland lebenden türkischen Staatsbürger zwischen 1974 und 1982 von einer auf anderthalb Millionen an. Der Grund: in den Siebzigerjahren war klar, dass sich die ökonomische und politische Dauerkrise in der Türkei auf absehbare Zeit nicht bessern würde. Gleichzeitig war für die meisten Arbeitsmigranten die Zeit seit ihrer Anwerbung noch nicht lang genug, um ausreichend Kapital für das Leben in der Heimat zusammenzusparen. Also holten die Arbeitsmigranten ihre Familien nach Deutschland. Aus der Arbeitsmigration wurde eine Einwanderung. Mit dem Familiennachzug sollte wenigstens für die engsten Familienangehörigen die Möglichkeit offengehalten werden, in der trotz Krisenerscheinungen unermesslich reichen Bundesrepublik zu leben. Eine der sozialen Folgen: Betrug die Erwerbsquote 1974 bei der türkischen Bevölkerung 71 Prozent im Gegensatz zu 42 Prozent bei der Deutschen, reduzierte sie sich bis 1980 auf 48 Prozent.

Gleichzeitig mit der Familienzusammenführung begannen die Einwanderer, sich ein ökonomisches Netzwerk aufzubauen. Die größer gewordenen Familien brauchten neue Einnahmequellen. Flickschneidereien, Gemüseläden, Friseure, Metzgereien, Schuster, Bäckereien, Glasereien, Restaurants, Reisebüros und eben Döner-Kebap-Stuben wurden eröffnet. Die Zahl selbstständiger Türken stieg zwischen 1970 und 1980 in Berlin von 500 auf rund 1000 (bundesweit um eintausend auf 7000). Aber noch waren, wie folgender beispielhafter

Lebenslauf zeigt, große Hindernisse zu überwinden: »Ein Gastwirt, der einer Kleinbauernfamilie entstammt, ging in die Provinzstadt, um Bäcker zu lernen und machte sich dort mit wenig Kapital als Bäcker und Gastwirt selbstständig. Als zweiten Schritt seiner Karriere ließ er 1972 seine Frau nach Deutschland anwerben. Sie arbeitete in einem Krankenhaus. Der Ehemann kam 1974 im Rahmen der Familienzusammenführung nach. Anfangs arbeitete er in einer türkischen Bäckerei. Schon 1976 machte er sich als Gastwirt selbstständig, musste jedoch aufgrund der ausländerrechtlichen Bestimmungen im Rahmen einer türkischen fiktiven GmbH sein Gewerbe organisieren. An diese GmbH bezahlte er hohe Schutzgelder, die es ihm vier Jahre schwer machten, seinen Betrieb zu sanieren. Kapital für den Betrieb waren Familienersparnisse, Bankkredite an seine Frau sowie Leihgaben von Bekannten. Heute arbeiten seine zwei Söhne im Geschäft und er ist mit dem Geschäftsverlauf zufrieden.«[38]

In den Siebzigerjahren verhinderten ausländerrechtliche Bestimmungen eine schnellere Entwicklung der türkischen Nischenökonomie. Denn eine Aufenthaltserlaubnis wurde regelmäßig mit der Auflage »selbstständige Erwerbstätigkeit oder vergleichbare unselbstständige Erwerbstätigkeiten nicht gestattet« versehen. Anders als EG-Ausländer konnten türkische Staatsangehörige einer Gewerbetätigkeit nur nachgehen, wenn sie im Besitz einer unbefristeten Aufenthaltserlaubnis waren. Und diese wurde in den Siebzigerjahren frühestens nach fünf Jahren erteilt. Aber auch dann musste die Gewerbeanmeldung durch die Ausländerbehörde und den Wirtschaftssenator im Einzelfall genehmigt werden. Eine Genehmigung wurde grundsätzlich nur erteilt, wenn »die beabsichtigte Tätigkeit den gesamtwirtschaftlichen Interessen Berlins nicht schadet« und wenn für sie »ein übergeordnetes wirtschaftliches Interesse oder ein besonderes örtliches Bedürfnis besteht«. Ob diese Voraussetzungen erfüllt waren, entschied die Ausländerbehörde nach Anhörung der Industrie- und Handelskammern beziehungsweise der Handwerkskammern. »Deren Stellungnahmen waren lange Zeit ablehnend. Eine Studie des Deutschen Industrie- und Handelstages aus dem Jahr 1981 ergab, dass die Kammern 1980 in lediglich 57 Prozent der Fälle zustimmten.«[39]

Erst der nächsthöhere Aufenthaltsstatus – die Aufenthaltsberechtigung – erlaubte die Gewerbeaufnahme durch eine einfache Eintragung beim zuständigen Wirtschaftsamt. Eine Aufenthaltsberechtigung wiederum wurde frühestens nach acht Jahren Aufenthalt in Deutschland erteilt. Ein zu langer Zeitraum für die Berliner Türken, die in größerer Zahl erst ab 1964/1965 angeworben wurden. »Diese Situation führte in der Vergangenheit zu einem System von Strohmännern«, berichtet Ahmet Ersöz, Leiter des Beratungs- und Ausbildungszentrums für zugewanderte Gewerbetreibende in den Neunzigerjahren. Millionenbeträge wurden in den Siebzigern so jährlich an deutsche »Geschäftspartner« bezahlt, die ihren Namen zu Betriebsgründungen hergaben. Filiz Yüreklik über ihre Erfahrungen: »Es kam nicht selten zu Erpressungen seitens dieser deutschen Strohmänner. Wenn sie merkten, dass der Laden gut lief und etwas abwarf, verlangten sie einfach mehr Schweigegeld. Möglich war dies, da sie ja Einblick in die Bücher hatten.« Aber auch umgekehrt lief mit diesem System nicht immer alles glatt. Manch gutwilliger »Strohmann« sah sich nach Konkurs »seines Geschäfts« plötzlich mit Schuldenforderungen konfrontiert, die ihm sein »Geschäftspartner« hinterlassen hatte.

Ab den frühen Achtzigerjahren boomte schließlich die türkische Ökonomie. Allein in Berlin wuchs die Zahl der türkischen Betriebe zwischen 1981 und 1983 um eintausend auf rund 2000, bundesweit von 7000 auf 10 000. Darunter immer mehr Dönerstände. Erstmals dokumentierte der Berliner *Tagesspiegel* am 28. Oktober 1982 mit der Schlagzeile »Kebap und Köfte in Konkurrenz zur Currywurst« die Veränderung im Stadtbild: »Hellbraun schimmert das knusprige Fleisch am senkrechten Spieß, der Saft läuft an der Fleischsäule herunter und mit einem langen Messer wird das dampfende Fleisch hauchdünn abgesäbelt. Diese Art der Zubereitung ist in der Stadt längst zum gewohnten Anblick geworden. Immer mehr Imbissfreunde ziehen einer Curry- oder Bockwurst das orientalische ›Döner

Kebap‹ vor, wie diese Spezialität heißt. Anfangs nur in Kreuzberg zu entdecken, finden sich Imbissstände mit Kebap-Angebot inzwischen überall im Stadtgebiet. Genau gezählt hat sie niemand, die Schätzungen bewegen sich zwischen 80 und 200 Ständen.«

Der Döner Kebap eroberte sich langsam, aber unaufhaltsam Marktanteile. Im Februar 1984 lautete die Schlagzeile in der *Welt am Sonntag* bereits: »Döner Kebap – nun die vierte Nationalspeise der Berliner. Im Wettbewerb mit Bockwurst, Schaschlik und Hamburger hat sich das türkische ›Döner Kebap‹ längst am Berliner Markt durchgesetzt. Das Kalbfleisch am senkrechten Spieß, eingehüllt in ein Viertel Fladenbrot und angereichert mit Salatblätterstreifen und Gewürzen, findet mehr und mehr Gefallen bei den Berlinern. Branchenkenner schätzen: An die 200 Straßenstände und Imbissstuben türkischer Provenienz dürfte es inzwischen geben. Nicht gerechnet die Restaurants.«

Was waren die Bedingungen für das türkische »Beschäftigungswunder« der Achtzigerjahre? Natürlich motivierte einmal mehr die drohende Arbeitslosigkeit zur Geschäftsaufnahme. Von der Strukturkrise der frühen Achtzigerjahre waren erneut ausländische Arbeiter am stärksten betroffen. Die Zahl der beschäftigten Ausländer reduzierte sich in den Jahren 1981/84 mit 19,6 Prozent um ein Vielfaches mehr als bei den Deutschen mit minus 2,5 Prozent. Und 1985 erreichte die Ausländerbeschäftigung mit 1,57 Millionen sozialversicherungspflichtig Beschäftigten ihren Tiefststand, nach 2,4 Millionen im Jahr 1973 und 2 Millionen im Jahr 1980. Entsprechend entwickelten sich die Arbeitslosenquoten:

| Jahr | Bundesweit | Beschäftigte mit türkischer Staatsbürgerschaft |
|---|---|---|
| 1980 | 3,5 | 6,3 |
| 1985 | 8,7 | 14,8 |
| 1995 | 9,0 | 22,5 |
| 2005 | 11,7 | 23,0 |
| 2020 | 5,9 | 15,0 |

Quelle: Statistisches Bundesamt

Die Rationalisierungs- und Automatisierungswelle der Achtzigerjahre traf Berlin besonders hart. AEG, Siemens, Telefunken und Zanker-Haushaltsgerätewerke, die großen Namen der deutschen Elektroindustrie, knipsten in ihren Werkhallen die Lichter aus, Bereiche der Textilindustrie wurden in Billiglohnländer verlagert. Die »verlängerte Werkbank« der Bundesrepublik, wie Westberlin damals auch hieß, wurde ohne großes Aufhebens leergeräumt. Zurück blieben die Bandarbeiterinnen und Bandarbeiter. Zwar entstanden auch in Berlin neue Arbeitsplätze. Aber der in den Achtzigerjahren begonnene Strukturwandel der Wirtschaft weg vom produzierenden Gewerbe und dem Bergbau hin zu den Dienstleistungsberufen ging zunächst an den Arbeitsmigranten vorbei. Sie verfügten in der Regel nur über eine geringe formale Bildung und niemand hatte ihnen in den Jahren zuvor Möglichkeiten eröffnet, sich ausreichende Deutschkenntnisse anzueignen. Ein Jobwechsel kam für sie nicht infrage. Auch nicht für ihre Kinder. An ihnen hat sich das deutsche Bildungswesen in den Jahrzehnten nach dem Anwerbeabkommen versündigt: Es war unfähig, sich auf die Bedürfnisse und Erfordernisse zur Beschulung dieser Kinder einzustellen. Es war ein bildungspolitischer Offenbarungseid mit dem Ergebnis, dass ein großer Anteil der Kinder aus »Gastarbeiterfamilien« in den Siebziger-, Achtziger- und Neunzigerjahren ohne ausreichende Sprachkenntnisse und ohne Schulabschlüsse auf einen Arbeitsmarkt entlassen wurde, auf dem immer weniger ungelernte Arbeitskräfte benötigt wurden. Für den Arbeitertypus der Vergangenheit bestand seit den Achtzigerjahren kein Bedarf mehr. Und es sollte noch zwanzig Jahre dauern, bis der Boom des neuen digitalen Dienstleistungssektors von Amazon, DHL, Uber, Foodora, Lieferando und Helpling neue Jobs für unqualifizierte Arbeitskräfte im Niedriglohnsektor in Hülle und Fülle schaffen würde.

Ganz anders sah es für die Mehrheitsgesellschaft aus. Die »Gastarbeiter« finanzierten in den Sechziger- und Siebzigerjahren den sozialen Aufstieg von Teilen der deutschen Arbeiterklasse. Denn ohne die Sozialversicherungsbeiträge und Steuern der vierzehn Millionen »Gastarbeiter«, die zwischen 1955 und 1973 angeworben wurden, wären viele ehrgeizige Projekte der sozialliberalen Bildungs- und Reformoffensive nicht finanzierbar gewesen. Die historisch einmalige Situation der Sechziger- und Siebzigerjahre – Millionen junger, unverbrauchter Arbeitskräfte füllen die Kassen, ohne (zunächst) entsprechende Leistungen im Gesundheits-, Familienfürsorge-, Bildungs- und Rentenwesen zurückzuerhalten – ermöglichte den deutschen Rentnern, Mallorca zu übernehmen, den Kindern aus Arbeiter- und Bauernfamilien den Besuch von weiterführenden Schulen und den Studierenden aus finanziell schwächer gestellten Familien mittels BAföG ein sorgenfreies Studium. Auch dies ist eine kulturelle Leistung und ein gesellschaftlicher Beitrag der Arbeitsmigranten, der nur selten gewürdigt wird.

## Familientreffen am Dönergrill

Die wirtschaftlichen Verlierer gaben sich nicht geschlagen. Auch nicht, als sich ab 1983 der gesellschaftliche und politische Druck auf sie erhöhte. Immer mehr Deutsche meinten, die Arbeiterinnen und Arbeiter aus der Türkei sollten nach ihrer Entlassung doch bitte aus dem Land verschwinden. Aber die meisten von ihnen blieben und kämpften sich durchs Leben. Einmal herausgefordert, gelang ihnen in den Folgejahren etwas, worüber sich die Neider lange Zeit in Schweigen hüllten. Ohne Subventionen, staatliche Unterstützung und wirtschaftsfördernde Maßnahmen schufen sie in der Bundesrepublik der Achtzigerjahre rund 100 000 Arbeitsplätze.

Aber drohende Arbeitslosigkeit war nur ein Faktor, der das türkische Beschäftigungswunder möglich machte. Vor allem die repressive Ausländerpolitik beflügelte die Fantasie. Der am 20. November 1981 in Westberlin in Kraft getretene legendäre »Lummer-Erlass« machte vielen Einwanderern klar, dass ihr Aufenthalt in Deutschland keineswegs gesichert ist. Dieser Erlass sah unter anderem die Ausweisung aller Ausländer vor, die das 18. Lebensjahr vollendet hatten und noch keine fünf Jahre in Berlin lebten. Aber auch Ausländer, die bereits länger als fünf Jahre hier lebten, sich allerdings in keinem Ausbildungs- oder Arbeitsverhältnis befanden, sollten künftig ausgewiesen werden.

Als politische Begründung für diese inhumanen Regelungen einer rassistisch-diskriminierenden Politik führte der damalige Innensenator Berlins, Heinrich Lummer, aus: »Ohne diese Maßnahmen drohen schwerwiegende Konflikte und Belastungen des Gemeinwesens, darüber hinaus müsse ansonsten für das Ende der Achtzigerjahre mit Rassenkrawallen und bürgerkriegsähnlichen Zuständen gerechnet werden.« Von nun an mussten alle Arbeitsmigranten ohne verfestigten Aufenthaltsstatus, die ihren Lebensunterhalt und den ihrer Familien nicht selbst finanzieren konnten, mit Ausweisung rechnen. Wer mehr als drei Monate Sozialhilfe bezog, dem konnte die Aufenthaltserlaubnis entzogen werden. Vielen Menschen aus der Türkei in Berlin, aber auch andernorts, drohte nach Ablauf des Bezuges von Arbeitslosengeld die Abstufung in die Sozialhilfe und damit der Rausschmiss aus ihrer neuen Heimat Deutschland.

Zahlreiche Familien schwebten also seit 1981 in der Gefahr, bereits kurz nach ihrer »Zusammenführung« wieder auseinandergerissen zu werden. Die einzige Rettung aus diesem Teufelskreis: die Selbstständigkeit. Glücklicherweise, und das unterschied die Situation von den Siebzigerjahren, waren viele Einwanderer aus der Türkei nicht mehr auf deutsche »Strohmänner« angewiesen. Denn inzwischen lebten von ihnen genug mehr als acht Jahre in Deutschland, erhielten also die Aufenthaltsberechtigung und konnten sich problemlos selbstständig machen. Das Ergebnis dieser Entwicklung ist bekannt – Änderungsschneidereien, Bäckereien, Reisebüros und Dönerstände. Diese Läden waren mehr als eine Einnahmequelle. Sie sind Teil eines Netzwerks und eines sozialen Sicherungssystems, das Verwandte und Bekannte mit schlechterem aufenthaltsrechtlichen Status vor Ausweisung und Abschiebungen schützte.

## Antitürkenparanoia und German Angst

Und noch etwas förderte die Flucht in die Selbstständigkeit. Je mehr in den Achtzigerjahren von Unions- und SPD-Politikern ein »Türkenproblem« herbeigeredet wurde, desto heftiger verfiel nicht nur der rechte Rand, sondern die gesellschaftliche Mitte in eine Antitürkenparanoia. 1973 warnte der *Spiegel* bereits: »Die Türken kommen – rette sich wer kann. Berlin, München oder Frankfurt können die Invasion kaum noch bewältigen: Es entstehen Ghettos, Kriminalität und soziale Verelendung wie in Harlem.« 1975 meinte der Beauftragte für Ausländerfragen der Schmidt-Regierung Heinz Kühn (SPD): »Wenn der Ausländeranteil in einem Wohnviertel die Zehnprozentmarke übersteigt, wird jedes Volk rebellisch.« Am 16. November 1980 schrieb der Berliner *Tagesspiegel* unter der Überschrift »Mehr Wohnungen, weniger Türken«: »Berlin muss, wenn es als solches für deutsche Zuwanderer und seine deutschen Einwohner attraktiv bleiben will, vor einer mathematischen Überfremdung durch Familienzusammenführung bei hoher Fruchtbarkeit bewahrt werden.«

1980 zog die NPD mit der Parole »Ausländerstopp – Deutschland den Deutschen« in den Bundestagswahlkampf. Am 17. Juni 1981 veröffentlichten elf Professoren das »Heidelberger Manifest«, in dem es heißt: »Mit großer Sorge beobachten wir die Unterwanderung des deutschen Volkes durch Zuzug von vielen Millionen von Ausländern und ihren Familien, die Überfremdung unserer Sprache, unserer Kultur und unseres Volkstums [...]. Bereits jetzt sind viele Deutsche in ihren Wohnbezirken und ihren Arbeitsstätten Fremdlinge in der eigenen Welt.« Am 14. Juli 1982 beschloss die sozialliberale Bundesregierung, die Rückkehr der Arbeitsmigranten aus der Türkei durch finanzielle Anreize zu fördern. Mit dieser und weiteren Maßnahmen sollte »der schleichenden Landnahme durch eine fremde Bevölkerung« entgegengewirkt werden, wie es der Berliner Landschulrat Herbert Bath (SPD) im November 1982 formulierte. Im Mai 1983 verkündete Innenminister Friedrich Zimmermann (CSU) in der Zeitung *Das Parlament*: »Wir werden in der Ausländerpolitik die Entschlusskraft aufbringen, Lösungen vorzulegen und auch durchzusetzen, die den Interessen der deutschen Bevölkerung gerecht werden. Ein konfliktfreies Zusammenleben wird nur möglich sein, wenn die Zahl der Ausländer bei uns begrenzt und langfristig vermindert wird, was vor allem die Volksgruppen (Türken) betrifft.«

Die antitürkische Rhetorik der gesellschaftlichen Mitte fand einen entsprechenden Widerhall. Neonazistische Gruppen, rechtsextreme Fußballfans und Nazi-Skinheads dominierten Stadtviertel, Fußballstadien und ganze Regionen. Es kam zu einer Serie gewalttätiger rassistischer Übergriffe: Am 26. August 1984 wurde in Duisburg-Wanheimerort ein Brandanschlag auf ein

Wohnhaus verübt, dem sieben Mitglieder der Familien Satır und Turhan zum Opfer fielen. Im Juli 1985 wurde der aus der Türkei stammende Mehmet Kaymakçı in Hamburg von Nazi-Skinheads erschlagen. Wenige Monate später, am 24. Dezember, starb ebenfalls in Hamburg Ramazan Avcı an den Folgen eines Überfalls durch Nazi-Skinheads. Im Dezember 1988 steckte der 19-jährige Auszubildende Josef Saller, Mitglied der Neonazi-Organisation Nationalistische Front, aus rassistischen Motiven im bayerischen Schwandorf ein Haus in Brand, in dem vorwiegend Türken wohnten. Durch den Brandanschlag verloren vier Menschen ihr Leben. Das sind nur wenige Beispiele vieler Morde und Attentate, die sich als Blutspur durch die Achtzigerjahre ziehen.

Im Januar 1989 errangen die rechtsradikalen Republikaner in Westberlin mit einem antitürkischen Wahlkampf 7,5 Prozent der Stimmen und zogen in das Abgeordnetenhaus ein. In einem ihrer Wahlkampfspots wurden türkische Kinder auf einem Spielplatz gezeigt, die Szene war mit der Titelmelodie von *Spiel mir das Lied vom Tod* unterlegt. Am 20. April 1989, dem hundertsten Geburtstag Adolf Hitlers, kündigten Neonazis in vielen westdeutschen Städten Übergriffe auf türkische Schüler an. An diesem Tag blieb in Berlin mehr als die Hälfte der türkischen Schüler dem Unterricht fern. Am 12. Mai 1989 wurde Ufuk Şahin von Andreas S. und Sabine L. bei einem Spaziergang im Märkischen Viertel, einer Hochburg der Republikaner, erst beleidigt, dann niedergestochen. Ufuk Şahin verblutete auf der Straße.

Der Rassismus nahm im Verlauf der Achtzigerjahre nicht nur in den politischen Debatten und auf der Straße zu, sondern auch am Arbeitsplatz. Filiz Yüreklik zog wie Tausende ihrer Landsleute frühzeitig die Konsequenz: »Bei dieser Stimmung in den Betrieben möchte ich, selbst wenn es wieder möglich wäre, nicht mehr in der Fabrik arbeiten. Da ziehe ich es vor, mich finanziell ein wenig einzuschränken, und arbeite stattdessen in meinem eigenen Laden.« Nachdem sie mehr als fünfzehn Jahre in Großbetrieben der Berliner Elektroindustrie gearbeitet hatte, machte sie sich Anfang der Achtziger mit einem Textilgeschäft in Kreuzberg selbstständig. »Hier kann mich kein Vorarbeiter oder Meister mit ausländerfeindlichen Sprüchen schikanieren.«

In den Achtzigerjahren wurden die wenigsten der türkischen Kleingewerbebetriebe gegründet, weil sich die Eigentümer eine finanzielle Verbesserung gegenüber der vorhergehenden Beschäftigung versprachen. Die Brüder M., die einen Gemüseladen mit Dönerverkauf in Berlin-Moabit betreiben, erläutern ihre Motivation: »Ist doch klar, weshalb wir uns selbstständig gemacht haben. Die nehmen heute in den Betrieben nur die Besten, die Abitur haben oder auf der Universität waren. Die wollen Leute, die sich mit Computern auskennen.« Nachdem M. nach einer befristeten Arbeit beim Gartenbauamt erneut arbeitslos wurde, dachte er sich: »Besser, ich mache meinen eigenen Laden auf, als wieder herumzusitzen und nichts zu tun.« Die neu erworbene Freiheit hält die beiden Brüder auf Trab. Mehr als 70 Stunden die Woche. Über ihre Umsätze schweigen sie sich aus: »Es reicht zum Leben, ohne reich zu werden.«

Und wie entwickelte sich die Dönerszene in all den Jahren? 217 Döner-Kebap-Verkaufsstellen zählte der Senator für Gesundheit 1983 in Westberlin. Im Februar 1990 waren es nach einer Erhebung bereits 400. Sechs Jahre später waren es in der größer gewordenen Stadt bereits 1300, und heute, 2022, sind es über 1600 Imbissbuden und Restaurants, die den Döner im Angebot haben.

## Arbeitsplatz Dönerimbiss

1989 belegen Hunderte von Dönerspießen die ganze Stadt mit ihrem Bratenduft: Hier zieht sich eine in wirtschaftliche und gesellschaftspolitische Bedrängnis geratene Gruppe aus eigener Kraft aus dem Sumpf. Wer Erfolg hat, der braucht sich um die Neider keine Sorgen zu machen. In Berlin meldeten sie sich schon bald zu Wort. Es ist kein Zufall, dass die Republikaner, eine rechtsextreme Partei, Ende der Achtzigerjahre und in der ersten Hälfte der Neunzigerjahre in Berlin und im Westen recht erfolgreich war. Bei den Abgeordnetenhauswahlen im Januar 1989 und den Europawahlen im Herbst 1989 feierte die Partei aufgrund ihres rassistischen Anti-Türken-Wahlkampfes ihre bislang größten politischen Triumphe.

Mit den aus den Armensiedlungen (Gecekondus) der türkischen Großstädte mitgebrachten ökonomischen Überlebensstrategien und den für das Kleingewerbe unverzichtbaren verbindlichen Familienstrukturen waren die türkischen Familien resistenter als ihre ehemaligen deutschen Betriebskollegen. Mit ihren Kleinsthaushalten sahen diese oft keinen Weg aus der Langzeitarbeitslosigkeit und dem Sozialhilfestatus. Natürlich neiden diese Rechtswähler den scheinbaren Wohlstand der türkischen Nachbarn – den eigenen Laden. Ahmet Ersöz, Mitarbeiter des Instituts für vergleichende Sozialforschung, der die türkischen Wirtschaftsaktivitäten in Berlin seit Jahren beobachtet, nennt in einem Gespräch, das ich mit ihm 1989 führe, den zu entrichtenden Preis: »Die Kleinunternehmen sind alles andere als Goldgruben. Das Nettoeinkommen ist mit wenigen Ausnahmen gering.« Nach Erhebungen Ersöz' liegt der Stundenlohn Ende der Achtzigerjahre, einen Mindestlohn gibt es noch nicht, zwischen sechs und sieben Mark: »Ein ausreichendes Familieneinkommen erreichen die Selbstständigen nur, weil kaum jemand von ihnen unter dreizehn Stunden am Tag arbeitet und die Familienangehörigen und Verwandten mithelfen. Es werden kaum Fremde beschäftigt.«

Für den gelernten Schlosser Mehmet M., den ich 1988 für eine Reportage in dem Berliner Magazin *Zitty* interviewe, ist die Arbeit im Dönerimbiss die einzige Möglichkeit. Der Stempel »eingeschränkte Arbeitserlaubnis« gestattete es ihm, nur in der Gastronomie zu arbeiten. Seit vier Jahren arbeitet er bereits als Kebap-Verkäufer in der Potsdamer Straße in Berlin-Schöneberg. Mehmet M. ist von seinem Arbeitsplatz alles andere als begeistert: »Die Bedingungen sind beschissen. Ich arbeite zwölf bis dreizehn Stunden am Tag, bekomme zwei freie Tage im Monat. Und das für tausend Mark.« Bezahlten Urlaub oder Krankenvorsorge gibt es nicht. »In vier Jahren bin ich erst einmal in Urlaub gefahren. Ich musste meinen Job vorher kündigen und nach den vier Wochen wieder einen neuen in einem anderen Imbiss suchen.« Einmal, als Mehmet M. ins Krankenhaus musste, feuerte ihn sein Chef postwendend. Während der Mittagszeit verkauft Mehmet fünfzig Döner in einer halben Stunde. Fließbandarbeit. Bankangestellte, Sekretärinnen und Zuhälter springen herein und warten ungeduldig auf ihren Mittagssnack. Keine zwanzig Sekunden dauert die Zubereitung eines Döners. Schweißtreibende Arbeit am Spieß.

Der Döner als Rettungsanker schafft eine gnadenlose Konkurrenz. Im Sommer 1988 wird, wie so oft in der Geschichte des Döner Kebaps, unter den fünfzehn Dönerbuden der Straße ein erbitterter Kampf um die Kunden geführt. Zwischen drei Mark und einer Mark achtzig kostete der Döner.[40] Nur mit diesem auch schon damals sagenhaften Preis-Leistungs-Verhältnis ließen sich Konkurrenten aus der Nachbarschaft, aber auch McDonald's und die anderen Fast-Food-Riesen schlagen. Die Ausbeutung und Selbstausbeutung ist groß. Selbst der neunjährige Yalçın arbeitet im elterlichen Betrieb. Mit der Selbstverständlichkeit eines Erwachsenen nimmt er die Bestellungen auf, kassiert die Kunden ab. Täglich sechs bis acht Stunden. Mehmet M. dagegen hofft, in einem halben Jahr eine uneingeschränkte Arbeitserlaubnis zu bekommen, um dem bedrückenden Arbeitsverhältnis zu entfliehen. Sein Traum ist bescheiden: er möchte endlich in einer Fabrik unter menschenwürdigen Bedingungen arbeiten.

Hier in der Potsdamer Straße zeigt sich, dass es durchaus noch ein paar Stufen unter dem geht, was Günter Wallraff als »Türke Ali« 1985 als Küchenhilfe bei McDonald's erleiden musste. Zur Erinnerung: In den Jahren 1983 bis 1985 verkleidete sich der deutsche Journalist Günter Wallraff als türkischer Arbeiter und nahm in seiner geliehenen Identität als Ali Levent Jobs auf dem Bau, bei Thyssen in Duisburg, als Versuchskaninchen bei Medikamentenversuchen und eben bei McDonald's an. Seine Erfahrungen hat er in dem 1985 erschienenen Buch *Ganz unten* veröffentlicht. Der Bericht des »Türken« Ali (Wallraff) wurden ein gigantischer Erfolg. Es stand 22 Wochen lang auf Platz 1 der *Spiegel*-Bestsellerliste, wurde in zahlreiche Sprachen übersetzt und über vier Millionen Mal verkauft. Wallraffs erklärtes Anliegen war es, auf die Diskriminierung und den Rassismus gegenüber der türkischen Minderheit in Westdeutschland hinzuweisen. 25 Jahre nach Beginn der Einwanderung aus der Türkei diskutierten die bundesdeutschen Medien und Feuilletons erstmals intensiv über die Arbeits- und Lebenssituation der »Gastarbeiter«. Wallraffs »Enthüllungen« warfen ein grelles Licht auf Missstände in Deutschland.

Es war eine ehrenwerte und von Empathie und Solidarität getragene Aktion. Aus heutiger Sicht mutet es allerdings etwas merkwürdig an, dass es dieser Maskerade überhaupt bedurfte, aber so waren die Verhältnisse bis weit in die Achtzigerjahre. Zwar protestierten türkische Arbeiterinnen und Arbeiter schon in den frühen Sechziger- und Siebzigerjahren mit zahlreichen spontanen Arbeitsniederlegungen und wilden Streiks gegen ungleiche Löhne, katastrophale Unterbringung und diskriminierendes Verhalten der Kollegen und Vorgesetzten, aber die Herzen und Hirne der Mehrheitsgesellschaft erreichten sie damit nur selten. So wurde die Streikwelle ausländischer Bergleute in den Sechzigerjahren von der Polizei niedergeschlagen. Größere öffentliche Aufmerksamkeit erlangten sie mit den wilden Fordstreiks 1973. Hunderttausende beteiligten sich daran. Zwar setzten sich die Streikenden mit ihren Forderungen nicht durch, aber die Unruhe unter den Migrantinnen und Migranten war nicht mehr zu ignorieren, ebenso ihr wachsendes Selbstbewusstsein. Politik und Wirtschaft befürchteten, dass sich vergleichbare Konflikte bei weiterer Zuwanderung weiter verschärfen könnten. 1973 wurde dann im Zuge der Ölkrise auch der Anwerbestopp verhängt.[41]

25 Jahre nach *Ganz unten* erschien wieder ein Bestseller zum Thema Migration, der sich millionenfach verkaufte: Thilo Sarrazins Buch *Deutschland schafft sich ab*. Auch dieses stand 21 Wochen auf Platz Eins der *Spiegel*-Bestsellerliste und löste ebenfalls eine langanhaltende gesellschaftliche Kontroverse aus. Aber anders als *Ganz unten* ist *Deutschland schafft sich ab* ein rassistisches Machwerk, das vor allem die türkische Minderheit herabwürdigt und unter anderem behauptet, dass die Gesellschaft durch Migration dümmer werde. Die Thesen Sarrazins wurden von vielen wissenschaftlich widerlegt. Dass dieses Buch trotz der Fragwürdigkeit seiner Thesen ein solcher Publikumserfolg werden konnte, belegt eindrucksvoll den Rechtsruck öffentlicher Diskurse seit 1985.

Doch zurück zu Mehmet M. ins Jahr 1988. Der illegal in Deutschland lebende Türke, der bei freier Kost und Logis nach einem 18-stündigen Arbeitstag in einer Ecke des Imbisses seines Landsmannes schlafen darf und am Monatsende mit ein paar hundert Mark abgespeist wird, würde gern mit Günter »Ali« Wallraff tauschen. Sollte er Wallraffs Buch jemals in die Hände bekommen, müssten sich dessen Beschreibungen der skandalösen Arbeitsverhältnisse bei McDonald's wie Schilderungen halbwegs korrekter Zustände anhören: »Nacht- und Überstunden, lerne ich (Ali), werden einer vertraulichen Arbeitsanweisung zufolge nur in vollen Stunden abgerechnet. Das heißt, bis zur halben Stunde wird ab-, danach aufgerundet. Aber meistens abgerundet. Gestempelt wird nicht, wenn man kommt, sondern wenn man umgezogen am Arbeitsplatz erscheint. Und wenn man geht, ist es ebenso: erst stempeln, dann umziehen. So klaut man dir die Zeit doppelt. Es ist Vorweihnachtszeit. Der Andrang ist enorm. Ich (Ali) bekomme 7,55 DM brutto Stundenlohn für eine Tätigkeit, die sich mit jeder Fließbandarbeit vergleichen lässt. Außerdem wird mir (Ali) pro Arbeitsstunde noch eine Mark Essensgeld angerechnet. Nach acht Stunden lässt mich der Manager wissen, dass ich mir (Ali) jetzt aus dem McDonald-Sortiment ruhig etwas aussuchen dürfe.«[42] Und weiter beschreibt Günter Wallraff: »Eine junge Kollegin erzählt mir, dass ihr in der achtstündigen Arbeitszeit sehr oft keine Pause zugestanden wurde. Als sie fragte, bekam sie nur die Antwort: ›Weiter! Weiter!‹ Wer zum Arzt will, bekommt vom Manager zu hören: ›Das bestimme ich, wann hier jemand zum Arzt geht.‹ Einmal frage ich (Ali), ob ich jetzt meine Erholungszeit einlegen kann. Die Antwort kenne ich schon: ›Wann Sie Pause haben, bestimme ich.‹ Einen Betriebsrat gibt es nicht«, so Günter Wallraff in *Ganz unten*.[43]

Dreißig Jahre später, November 2018, Wrangelstraße in Kreuzberg. Im McDonald's gegenüber des Oberstufenzentrum Handel, eine der größten Berufsschulen Europas, wirbt ein Plakat mit blumigen Versprechen um Arbeitskräfte: »Komm zur #1 in Berlin. Super Team. Tolle Stimmung. Pünktlicher Lohn. Individuelle Arbeitszeiten. Gratis Personalessen & Getränke. Weihnachts- & Urlaubsgeld. Feiertags- & Nachtzuschlag. Zwei Firmenfeiern pro Jahr. Fünf Firmenevents pro Jahr.« Das klingt zugewandt und wertschätzend. Der Konzern ist inzwischen Mitglied im Bundesverband Systemgastronomie, der mit der Gewerkschaft Nahrung-Genuss-Gaststätten (NGG) die Tarifverträge aushandelt. Im Herbst 2018 beträgt der Tariflohn 9 Euro für die Servicekräfte, was einem Bruttogehalt von rund 1500 Euro entspricht. Der Lohn liegt damit geringfügig über dem gesetzlichen Mindestlohn von 8,84 Euro. Von dem Lohn bleiben einer alleinstehenden Servicekraft bei einer 39-Stunden-Woche nach Abzug der Steuern und Versicherung 1100 Euro netto. Das entspricht in etwa dem Lohn, der nach Selbstauskunft von Dönerunternehmern auch in der Dönerbranche für Arbeiter, die die Spieße stecken, bezahlt wird. Zu wenig für ein anständiges Leben!

* * *

30 Jahre nach dem Fall der Mauer, nachdem der Neoliberalismus sich zur vollen Blüte entfalten konnte, nach erfolgter Verlagerung von Produktionsstätten und nach den Privatisierungen in Sektoren wie der Post, dem Verkehr und der Telekommunikation sowie nach dem Einzug des Internets in unser Leben sieht 2022 vieles anders aus als in den Pionierjahren des Döner Kebaps. Inzwischen sind nicht mehr nur die ungelernten eingewanderten Arbeiter aus der Türkei Opfer des Strukturwandels. Er trifft in Ost- und Westdeutschland viele Millionen.

Bis 1990 waren die Beschäftigten in Westdeutschland noch relativ gut vor sinkenden Löhnen geschützt. Für die meisten Firmen war es selbstverständlich, die Beschäftigten nach Tarif zu bezahlen. Die Tarifbindung, die es im Osten nach 1990 ohnehin kaum gab, wird auch im Westen geringer. Aus ordentlich bezahlter Arbeit wurden zwischen 1995 und 2010 zunehmend Billigjobs. Die Hartz-Regelungen der rot-grünen Bundesregierung haben nach 2002 diese Entwicklung erst ermöglicht und wesentlich dazu beigetragen, dass die Reallöhne in Deutschland, anders als in den europäischen Nachbarländern, zwischen 1995 und 2012 in allen Einkommensgruppen gesunken sind. Besonders dramatisch war der Rückgang bei den Geringverdienern. Ihre Löhne stürzten in diesem Zeitraum im Westen real um 20 Prozent ab. Von dieser Entwicklung hat die Dönerbranche profitiert. Denn der Döner Kebap mit seinem unvergleichbaren Preis-Leistungs-Verhältnis ist auch ein Fast Food für die neue Klasse prekär Beschäftigter mit Niedriglöhnen.

Die Einführung des gesetzlichen Mindestlohns 2015 hat die Lage für die Working Poor ein wenig verbessert, auch wenn dieser noch auf beschämend niedrigem Niveau liegt. Dies betrifft auch die Situation der Dönercis, der Menschen, die den Döner schneiden und an die Kunden verkaufen, und der Dönerstecker, also der Menschen, die die Dönerspieße in Handarbeit schichten. Zumindest der Vorsitzende des Europäischen Dönerverbands, Gürsel Ülber, versichert in unserem Gespräch 2018, dass die beschriebene Ausbeutung der Achtzigerjahre mit der Einführung des Mindestlohns ein Ende gefunden habe. Denn, so Ülber, auch Imbiss- und Restaurantbesitzer müssten ihren Arbeitskräften heute etwas bieten, wenn sie diese halten möchten: »Die Ausweitung des Niedriglohnsektors führt inzwischen dazu, dass der Dönerbranche heute Arbeitskräfte fehlen. Viele sagen sich, wenn ich schon nur den Mindestlohn verdiene, dann arbeite ich lieber bei Amazon, DHL, Deliveroo, Foodora, McDonald's oder Burger King. Der Lohn ist zwar nicht besser, aber die Arbeit ist nicht so schwer wie im Imbiss oder als Dönerstecker und die Urlaubs- und Arbeitszeiten sind auch geregelter.« Die Corona-Pandemie scheint diese Einschätzung zu bestätigen. Die Gastronomie hat inzwischen große Probleme, ihren Personalbedarf zu decken, da es auch für die im

Niedriglohnsektor Beschäftigten Alternativen gibt. Ob das auch für die vielen im Familienbetrieb geführten Dönerimbisse gilt, sei dahingestellt. Als Sohn eines Tischlers, der in einem Familienbetrieb groß geworden ist, weiß ich, dass für Familienbetriebe andere (Selbst-) Ausbeutungsverhältnisse gelten und gewerkschaftliche Errungenschaften wie Tariflöhne, Überstunden- und Urlaubsregelungen sowie Ruhezeiten einer anderen Welt angehören.

* * *

Vermutlich wird für immer im Dunkel der Geschichte bleiben, wo und wann sich der erste Dönerspieß in Deutschland gedreht hat. Aber die Stationen seines Siegeszuges lassen sich nachvollziehen. Kreuzberg ist der Geburtsort. Hier stimmten vor 50 Jahren alle Voraussetzungen, um den Grundstein für eine Industrie zu legen, die den Döner Kebap schließlich zum beliebtesten Fast Food der Deutschen machen sollte. Türkische Singles, die für kulinarische Innovationen aufgeschlossene und für Alternativen zur vorherrschenden Currywurst dankbare bunte Szene – Studenten, Wehrflüchtige, Klassenkämpfer, Internationalisten und Berufsproleten – waren die zuerst erschlossenen Absatzmärkte. Von hier aus breitete sich der Döner konzentrisch aus. Zunächst erfasste er die angrenzenden Stadtteile mit vergleichbarer, wenn auch etwas heterogenerer Bevölkerungsmischung. Anschließend wurden die angrenzenden bürgerlichen Viertel vom Dönerfieber infiziert. Dann der Rest der Republik. Freiburg wurde Mitte der Achtzigerjahre, Tübingen 1987, Würzburg 1989, Crailsheim 1990, Passau 1992 an den multikulinarischen Zeitgeist angeschlossen.

Und kam der Döner Kebap auch spät über den Osten, so feierte er hier seine größten Triumphe und auch Niederlagen.

ELATI
EIS
KUGEL
-.50

DÖNER

# 4.
# KEBAP-TRÄUME IM WILDEN OSTEN

»Geht nach Ostdeutschland! Helft dort bei dem Aufbau der Wirtschaft und des Dienstleistungsgewerbes.« Der türkische Staatspräsident Turgut Özal rief noch vor der Währungsunion 1990 seine in Deutschland lebenden Landsleute auf, die deutsche Einheit nicht nur durch Steuerzahlungen, sondern auch durch den direkten Aufbau der Wirtschaft mitzufinanzieren. Niemand ahnte damals, dass diese Aktivitäten zu einem der letzten Abenteuer im Land werden sollten. Die Verbreitung des Döner Kebaps in Ostdeutschland ist ein wichtiges Kapitel in der Modernisierung dieses Landes. Aber ein mitunter gefährliches und auch blutiges. Nirgendwo in Europa gab es vergleichbaren gewaltsamen Widerstand gegen den Dönerimbiss. Aber es gab auch die andere Seite. Begeisterte Menschen, offen für neue und exotische Geschmackswelten. »Mein Gott, ich bin total dem Döner Kebap verfallen. Hoffentlich gibt es die bald in unserer Hälfte, sonst gebe ich meine ganzen 200 DM für Döner aus«, stöhnte ein junger Mann im März 1990 verzweifelt vor einer Imbissbude.[44] Was machten DDR-Bürger mit den 200 Westmark, die sie Anfang 1990 aus dem Reisedevisenfond für 600 Mark Ost kaufen durften? Natürlich im Westen auf den Kopf hauen und Döner essen. DDR-Bürger belagerten die Dönerbuden mit einer Begeisterung, dass der Journalist Markstein besorgt fragte: »Schmeckt ein Kebap für umgerechnet 20 Ostmark?« Kebap und Ostdeutsche, das war eine Begegnung der dritten Art. Die einen sangen Lobeshymnen. Den anderen war der Knoblauchgehalt nicht ganz geheuer. Nur vier Tage nach der Maueröffnung belauschte die Berliner Journalistin Petra Schrott in der ehemaligen Grenzstadt Helmstedt witzelnde DDR-Bürger vor dem Dönerstand: »So viel Knoblauch. Da brauchen wir an der Grenze nichts mehr zu sagen.«[45]

Auch Angela Merkel gab ihre ersten Westmark für einen Döner aus, berichtete die *Süddeutsche Zeitung* 2013. Es war der Beginn einer großen Liebe. Während ihrer Zeit als CDU-Vorsitzende soll sie einmal pro Woche einen Döner gegessen haben, und zwar im »Café Motiv« in der Wilhelmstraße im Berliner Regierungsviertel. »Frau Merkel isst ihren Döner immer so wie wir Türken ihn essen – ohne Soße, nur mit Fleisch, Salat, Zwiebeln, Tomaten, Weiß- und Rotkraut«, verrät der Chef des »Café Motiv« der *Berliner Zeitung*.

Noch heute, 30 Jahre nach dem Fall der Mauer, gehört in der ostdeutschen Provinz ein Ausflug zum nächstgelegenen Dönerstand zum Vergnügen all derer, die sich sonst nur wenig leisten können. Sich für vier, fünf Euro die Düfte des Orients um die Nase wehen lassen, gleichzeitig den Magen vollschlagen – was darf man in harten, kapitalistischen Zeiten, in denen das Geld knapp ist, mehr vom Leben verlangen?

Während türkische Obsthändler in der Wendezeit an den Grenzübergängen in Kreuzberg den unkundigen DDR-Bürgern Südfrüchte zu Fantasiepreisen – fünf Westmark das Kilo Bananen – aufschwatzten, hatte Ali aus dem Wedding eine andere Idee: »Warum verkaufe ich meine Döner nicht in Ostberlin?«, dachte er sich und wurde reich.

Über die wahrscheinlich erste Döner-Kebap-Bude in der (Noch-)DDR, an der Berliner Ecke Breite Straße in Pankow gelegen, berichtet Stefan Kuschel im *Tagesspiegel:* »Ali mietet für 800 DM eine leerstehende Galerie in einem alten Flachbau, streicht Wände, schraubt zwei Spielautomaten an die Wand, stellt Holztische auf und macht das Geschäft seines Lebens. Ali denkt gerne an diese Zeit zurück. Sein kleiner Laden war immer voll, fast jeden Tag zog sich die Schlange der Wartenden bis hinaus auf die Straße. Köfte, gerösteter Blumenkohl, türkische Pizza – was da in den Glasvitrinen lag, kannten die Leute nicht. »›Ich möchte auch so ein Ding‹, sagten sie, wenn sie einen Döner wollten«, erinnert sich Alis Angestellter Bülent. Oft musste er lachen über diese Unbeholfenheit: wenn die Ostberliner Auberginen mit Hackfleisch für »eingelegten Fisch« hielten, oder Börek (gefüllte Blätterteigrollen) als »Brot« bezeichneten. Aber manchmal amüsierten sich die »Ossis« auch über die Türken. Dann nämlich, wenn sie einen »halben Broiler« erst bekamen, wenn sie auf die Hähnchen zeigten.[46]

Der Umsatz war hoch. Jeden Tag verschlangen die neuen Kunden 60 Kilo Dönerfleisch, fünf Säcke Zwiebeln, fünf Kartons Rotkohl, und eimerweise Schafskäse. Sechs Kollegen konnten den Ansturm kaum bewältigen. »Alle zwei Stunden mussten wir unsere T-Shirts wechseln«, sagt Bülent, »so haben wir bei der Arbeit geschwitzt«.

## Das Logistikzentrum

Ein Augustvormittag im Jahr 1991. Der sonnendurchflutete Heinrichplatz in Kreuzberg zeigt sich von seiner besten Seite. Im »Café Jenseits« lässt das traditionsgemäß schwarz gekleidete Publikum den Tag in aller Gelassenheit angehen. Etwas blass und gezeichnet sind die Gäste noch von den Anstrengungen der letzten Nacht. Das an der Ecke Oranienstraße gelegene ehemals besetzte Haus erwacht langsam zum Leben. Ein Rudel Hunde wird zum Pinkeln vor die Tür geführt. Auf der gegenüberliegenden Straßenseite sind türkische Frauen mit prall gefüllten Einkaufstaschen bereits auf dem Nachhauseweg. Dort warten die Kinder. Und die Männer, die in ein paar Stunden von der Frühschicht kommen, wollen versorgt sein. Langsam laufen sie an dem gusseisernen Pissoir vor der »Roten Harfe« vorbei.

Zerbrochene Bierflaschen, Hundekot und Müll – Überbleibsel des rituellen, allnächtlichen Saufgelages. Alles geht seinen geordneten Gang in SO 36. Nichts Neues im Südosten. Ich halte ein kurzes Schwätzchen mit einer Sozialarbeiterin. Sie ist in Eile, muss ein Mädel in die betreute Jugendwohngemeinschaft begleiten.

Zwei hagere Männer in Stoffhosen und schwarzen Kunstlederjacken kommen durch die Mariannenstraße aus Richtung Skalitzer Straße auf den Platz zugelaufen. Sie bewegen sich etwas unsicher. An ihren Schuhen und abgeschabten Aktentaschen erkenne ich sie schnell als Ostdeutsche. Ali Erol begrüßt sie mit lautem Hallo. Er mag Ostdeutsche, behauptet er später. Nicht nur weil seine Firma Aygaz über einhundert Dönerimbisse im Ostteil der Stadt mit Gas für die Grillgeräte versorgt. In den Siebzigerjahren habe er seine Wochenenden gerne in Ostberlin verbracht. In den Kneipen und Bars rund um die Friedrichstraße, erzählt er. Mit gedämpfter Stimme und breit sächselndem Tonfall reden die beiden Herren auf Erol ein. »Wir sind inkognito hier«, geben mir die Herren gewichtig zu verstehen, als ich mich ihnen vorstelle. Nur so viel wird verraten: »Wir ziehen einen Dönervertrieb in Sachsen und in Sachsen-Anhalt auf.« Ungefragt teilen sie mit: »Wir haben nichts gegen Türken!« – »Ah ja.« – Eine andere Einstellung wäre an diesem Ort, wo Deutschland am autonomsten und am türkischsten ist, auch nicht ratsam. Zumindest sollte sie zu Beginn der Neunzigerjahre, als der Stadtteil noch nicht vorwiegend von Besserverdienenden bewohnt wird, nicht allzu laut verkündet werden. Und eifrig weiter: »Wir wollten einem Imbissbetreiber in Sachsen Döner anbieten. Aber der beharrt weiter auf seinem Leberkäse. Wir haben ihm gesagt: ›Beharren Sie weiter auf ihren rassistischen Einsichten. Sie werden sehen, was Sie davon haben.‹« Nichts gegen Leberkäse. Aber wo die Herren Recht haben, sollte ihnen die Entwicklung Recht geben. Leberkäse ist inzwischen auch im Osten der Republik out. Während die Sachsen sich mit Ali Erol in dessen Stützpunkt zurückziehen, um Kühlmöglichkeiten für den Dönernachschub für Sachsen zu erörtern, schlendere ich weiter über den sonnigen Platz.

Ich treffe einen Gewährsmann. Er ist der Freund eines Freundes. Er führt mich in ein türkisches Restaurant, rechts neben dem Sitz der islamistischen Organisation Millî Görüş. Das Essen, das die Köche zubereiten, sieht lecker aus. Frisch, appetitanregend, sorgfältig und würdevoll behandelt. »Helal«, also nach islamischen Regeln zubereitet, verspricht ein Schriftzug am Schaufenster des Restaurants. Warum sind die Konservativen die besseren Köche, schießt es mir durch den Kopf. Aber es ist jetzt nicht der Augenblick, allzu viele Überlegungen auf diese Entdeckung zu verschwenden. Ebenso wenig, um zu entscheiden, ob ich einmal, für den Genuss eines vorzüglichen Essens, über meinen politischen Schatten springe und in einem Restaurant, das von Islamisten betrieben wird, essen gehe. Ein schmaler Gang führt an den Toiletten zu zwei winzigen Hinterräumen des Restaurants. Textilien stapeln sich bis unter die Decke. Hemden, Hosen, daneben Lederjacken. Auf einem Schemel sitzt ein polnischer Kunde und prüft die Qualität der angebotenen Gürtel aus Istanbuler Produktion. In gebrochenem Deutsch verständigt er sich mit seinem Gegenüber. Der Hacı mit grün-weißem Turban und langem Bart macht eine Offerte. Man versteht sich. Bevor weiterverhandelt wird, bitten die Herren mich freundlich um Verständnis. Ich gehe.

Der Heinrichplatz, dieser Tummelplatz der autonomen Szene, auf dem seit 1987 in Berlin gestrandete, gelangweilte Jungs aus der westdeutschen Provinz gemeinsam mit wütenden und gelangweilten türkischen Jungs und der Polizei regelmäßig die Kreuzberger Maifestspiele aufführten, also die 1.-Mai-Randale, gewinnt ein neues Gesicht. Bei näherem Hinsehen entpuppt er sich als rege Handelszone. Hier laufen die Informationen zusammen, auf welchen Wochenmärkten in den fünf neuen Ländern ein Geschäft zu machen ist – im Textilhandel und in der Dönerbranche.

Für die Berliner Türken ist das erweiterte Deutschland zu diesem Zeitpunkt ein Segen. Über Nacht haben sich die Absatzmärkte vervielfacht. Mein Gewährsmann erzählt: »Vor der Maueröffnung standen viele der Geschäftsleute kurz vor der Pleite. Seit der Wende boomt hier das Geschäft.« Kapital wird in Nachbarschaft der

Kneipen akkumuliert, in denen nach zwei Uhr nachts und nach dem vierten Bier noch engagiert über die Glückseligkeit der bargeldlosen Gesellschaft debattiert wird. Geld, das in die Dönerindustrie fließt, und sie in eine neue Umlaufbahn katapultieren wird.

Ich denke unweigerlich an meinen Freund Mehmed. Vor zwei Jahren führte er mich in die verwirrende Welt der türkischen Jugendgangs ein. Sie gründeten sich in der zweiten Hälfte der Achtzigerjahre, um ihre Wohnquartiere in Kreuzberg, Moabit, Schöneberg, Wedding, Neukölln und Reinickendorf gegen Skinheads und Neonazis zu verteidigen. Mehmed ist 1991 nur noch selten mit seinen Kumpels von den »Alis« unterwegs. Während die Medien erhitzt das Phänomen der Jugendgangs diskutieren und einer zeitlosen Frage nachgehen – Was ist nur mit unserer Jugend los? – ist der inzwischen 22-Jährige längst mit anderen, wichtigeren Dingen beschäftigt.

Wochenlang reist er durch die neuen Bundesländer, immer auf der Suche nach Standplätzen für einen neuen Dönerimbiss. Ab und an kommt er auf einen Kaffee bei mir vorbei – immer frisch parfümiert, immer stilvoll gekleidet. Süffisant belächelt er meinen Journalistenalltag und die mühsame Jagd nach dem Zeilenhonorar. Demonstrativ zückt und zählt er dicke Bündel von Geldscheinen. Überprüft, ob sich nicht inzwischen ein paar Tausender in Luft aufgelöst haben könnten. Anschließend verstaut er sie umständlich in seinem

Bauchgurt, um sich wieder auf den Weg in Richtung Osten zu machen. Ein Ritual, das sich wiederholt. Erst jetzt begreife ich, in was Mehmed da verwickelt ist.[47]

»Viele Jugendliche werden jetzt im Osten Unternehmer«, klärt mich Ali Erol auf, nachdem seine sächsischen Geschäftspartner aufgebrochen sind: »Vor allem die schwierigen Jugendlichen orientieren sich Richtung Osten, wittern die Chance ihres Lebens. Jeder hat im Kopf, dort einen großen Obst- und Gemüsemarkt oder einen Dönerladen aufzumachen.« Eine Straßensozialarbeiterin trifft auf ihren Erkundungsgängen im Ostteil der Stadt und Ausflügen nach Brandenburg immer häufiger ihre ehemals »gefährdeten und gewaltbereiten Jugendlichen«, wie diese im Sozialarbeiterdeutsch genannt werden, als stolze Eigentümer einer Imbissbude wieder. So leicht ist das also, aus Problemkindern risikofreudige Jungunternehmer zu machen. Auch Kreuzberger Straßenkampferfahrungen lassen sich versilbern. Hier im »Getto«, wie die Jungs ihr liebenswertes Kreuzberg selbst nennen, haben sie erlernt, was sie nun draußen im rauen Alltag des neuen Deutschlands brauchen. Mut, Abenteuerlust und Kampfgeist gehören Anfang der Neunziger zu den Grundvoraussetzungen, um sich als Dönerunternehmer in den Wilden Osten vorzuwagen.

»Nach Dresden geht kein Türke. Dort haben die Neonazis die Stadt im Griff«, erläutert Erol. Deshalb seien die ostdeutsch-türkischen Kooperationen unerlässlich.

»Auch kann ein Türke derzeit nicht als Vertreter durch Thüringen reisen.« Zu weit vom sicheren Kreuzberg seien diese Regionen entfernt. Bei aller Sympathien für die Ostdeutschen: Ali Erol, der gesetzte Geschäftsmann, tastet sich nur langsam ins Berliner Umland vor. »Ich bewundere die Leute, die im Osten einen Imbiss aufmachen. Sie sind mutig. Ich selbst fahre augenblicklich nur kurz rüber, mache meine Geschäfte und komme wieder zurück.«

In Ali Erols Büro stapeln sich Grillgeräte aus Ostberliner Produktion, Gaskartuschen und Dönermesser – eben die Grundausstattung eines Imbisses. Er berät seine Kunden, liefert schlüsselfertige Dönerverkaufsstellen. In diesen abenteuerlichen Tagen – das Handy ist noch nicht allgegenwärtig – gehört auch eine Funkausrüstung dazu. In einem Regal warten CB-Geräte auf Kunden. Manchmal sind sie überlebensnotwendig, zum Beispiel in Schwedt. Im Herbst 1990 eskaliert der Terror, den eine rechte Clique auf türkische Geschäftsleute ausübt. Über die Hintergründe berichtet Raif Y.: »Im Frühsommer 1990 habe ich auf dem Wochenmarkt in Eggersdorf Oliven, Quark und solche Dinge verkauft. Mein Nachbar, ein Händler aus Schwedt, fragte mich, warum ich keinen Döner verkaufe. Im Juni 1990 habe ich dann damit angefangen. Tatsächlich liefen die Geschäfte mit dem Döner besser. Binnen kürzester Zeit steigerte ich die verkaufte Menge von 25 auf 50 Kilogramm am Tag.«

Im August 1990 verlagert der junge Geschäftsmann seinen Standort nach Schwedt. Am Platz der Befreiung, direkt vor der Kaufhalle, hat sich ein fester Markt etabliert. Natürlich durfte ein Dönerstand nicht fehlen. Vietnamesen, Türken und Deutsche bieten den Schwedtern Textilien, Gewürze und Nippes feil. Dieser kleine Eurasia-Bazar war den städtischen Neonazis aus dem Umfeld der Nationalistischen Front schnell ein Dorn im Auge. Eine Gruppe marschierte auf, forderte von den türkischen Händlern pro Tag und Stand einhundert Mark Schutzgeld. »Wir haben das abgelehnt«, so Raif Y. Die Folge: Imbissbuden werden ausgeraubt und zerstört. Und jeder Türke, der allein durch die Stadt läuft, wird zusammengeschlagen – zumindest muss er damit rechnen.

Es sind die Baseballschlägerjahre, in denen völkische Banden und Neonazigruppen vielerorts die kulturelle Hegemonie über die Jugendszene und über die Straßen der Dörfer und Städte übernehmen. Weitgehend ungestört von einer Polizei, die in den Wendejahren nur noch über wenig Autorität verfügt, heillos überfordert ist und Neonazis vielerorts einfach gewähren lässt – und, in schlimmeren Fällen, mit diesen sympathisiert. Ohne ein Netzwerk an Unterstützern zur Selbstverteidigung kann sich kein Migrant in den Osten wagen. So erreicht ein SOS-Ruf per Funk aus Schwedt die Zentrale in einer kleinen Kreuzberger Hinterhofwohnung. In Windeseile macht sich ein Konvoi von mehr als 70 Autos in die hundert Kilometer nordöstlich gelegene Industriestadt auf. Es kommt zu einer Massenschlägerei, ein paar scharfe Schüsse fallen – die Geschäftsleute aus Berlin stellen klar: Wir bleiben hier! Und wir machen weiter unsere Geschäfte!

Ein Jahr später, im September 1991, herrscht ein brüchiger Frieden. Hin und wieder werden in der Nacht noch die Reifen des Imbisswagens zerstochen, Übereifrige tragen die Parole »Ausländer raus« immer wieder neu auf. Mehr passiert nicht. Wird einer der Neonazis doch einmal zu vorlaut, bekommt er zur Auffrischung des Gedächtnisses eine erneute Abreibung. Inzwischen plagen Raif Y. andere Sorgen: »Ich würde ja gerne Schwedter Bürger einstellen. Die sind aber alle zu faul. An einem Tag verdienen sie etwas Geld, am nächsten Tag machen sie frei.« Allerdings ist seine Offerte auch für ärmere Ostdeutsche nicht sonderlich attraktiv: 70 Mark am Tag »auf die Hand« plus kostenlose Döner.

## Der Pionier

Izzet Aydoğdu, türkischer Sozialarbeiter aus Kreuzberg, und Ursula Bielack aus Hoyerswerda sind ein ungewöhnliches Paar. Gemeinsam haben sie in den Jahren nach dem Mauerfall versucht, den Osten Deutschlands für türkisches Fast Food zu erschließen. Zuerst in Berlin-Mitte, später im sächsischen Hoyerswerda. Daraus wurde ein Leben als Achterbahnfahrt gegen Vorurteile und geschäftliche Widerstände.[48]

»Ich kann mir nicht vorstellen, für immer in Izmir zu leben. Da gibt es keine Leberwurst.« In Ursulas Stimme liegt Trotz. »Aber Ursula …« Sie fällt ihrem Lebensgefährten ins Wort: »Izzet, dreh mal lauter.« – »Heute vor acht Jahren haben Hunderte von Skinheads und Neonazis unter dem Beifall der Anwohner Asyl- und Ausländerwohnheime mit Steinen, Flaschen und Molotowcocktails angegriffen.«

17. September 1999. Sonne und Himmel spielen Hochsommer. Wir sind unterwegs auf der Landstraße von Hoyerswerda nach Senftenberg. »Auch damals schien die Sonne«, erinnert sich Ursula Bielack. Für einen Augenblick vergisst sie, dass wir zum Schauplatz ihrer größten Niederlage auf dem Weg sind. Der Radiosprecher beendet seinen Rückblick: »Es sind noch 105 Tage bis zum Ende des Millenniums.«

August 1991. »Das hier ist der erste Döner Kebap in Hoyerswerda. Nun ist auch hier eine neue Zeit angebrochen.« Wortreich präsentiert Izzet Aydoğdu an einem frühen Sonntagmorgen auf dem nahezu menschenleeren Lipetzkerplatz mitten im Wohnkomplex 8 einen ramponierten, olivgrünen Imbisswagen. Von wegen neue Zeit. Ringsum Plattenbauten, aufgelassene Geschäfte. Der ausufernde Platz hat den Charme eines architektonisch verunglückten Industriegeländes.

Izzet Aydoğdu zeigt sich unbeeindruckt und breitet hochtrabende Pläne aus: Er will die Oberlausitz erobern. Mit Dönersandwiches und Hilfe der einstigen Herrscherin des Lipetzkerplatzes – Ursula Bielack. Die steht mit sauertöpfischer Miene neben ihrem Geschäftspartner und der »Frittenbude«. So nennt sie den Dönerimbiss verächtlich. Wären da nicht ihre beiden Kinder Frank und Karina, die schlicht einen Arbeitsplatz brauchen, sie hätte sich nie auf das »Mit oder ohne Soße?«-Geschäft eingelassen.

Fünfzehn Jahre hat Ursula Bielack in unmittelbarer Nachbarschaft zum Imbisswagen die »Wohngebietsgaststätte« im Wohnkomplex 8 geleitet, über siebzig Angestellte und fünfzig Lehrlinge im »Treff 8« dirigiert. Den gibt es nicht mehr. Aber der alte Status klingt nach. Vier Monate nach Eröffnung der Dönerbude verunsichert Bielack ein Gefühl: »Ich weiß nicht, was die Leute, die mich von früher kennen, denken, ob sie hämisch auf mich herunterschauen, wenn die alte Chefin nun in einer Frittenbude steht.«

Zu eng und zu piefig war Ursula Bielack ihre Welt eigentlich schon immer. 1987 flieht die damals 46-jährige alleinstehende Mutter von zwei erwachsenen Kindern vor den ewigen Protokoll- und FDJ-Veranstaltungen von Hoyerswerda nach Ostberlin. Hier, in der pulsierenden Metropole der DDR, erhofft sie sich einen neuen Kick. In der Friedrichstraße 114a, wo sie das Café »Oranienburger Tor« übernimmt.

Im September 1990 drängt sich Izzet Aydoğdu mit Bratenduft in Ursulas Leben. Auch er sucht nach neuen Herausforderungen. Fünfzehn Jahre lang hat er sich als Sozialarbeiter in Kreuzberg mit renitenten Jugendlichen herumgeschlagen. Nach der Währungsunion weiß der damals 49-Jährige: Jetzt oder nie. Kurzentschlossen baut er einen Imbisswagen vor dem »Oranienburger Tor« auf. Und macht Geld. Viel Geld. »Die Leute rissen mir den Döner förmlich aus der Hand«, erinnert er sich.

Das beeindruckt Ursula Bielack, deren Stern im Sinken begriffen war. Niemand stand mehr auf den DDR-Chic des »Oranienburger Tors«. Izzet brauchte Ursula. Zunächst ihre Lagerräume im Café und frisches Wasser. Und Ursula brauchte Izzet. Zunächst als Orientierung in einer neuen, irritierenden Zeit. Später kamen gemeinsame Geschäfte, dann die Liebe.

Bereits zwei Tage nach Eröffnung wird der Imbisswagen in der Friedrichstraße von Neonazis niedergebrannt. Von nun an begleiten Neonazis Izzets und Ursulas weiteren Weg nach Hoyerswerda. Eine Herausforderung, die der ehemalige Jagdflieger der türkischen Armee mit der Gründung der »Dönerix«-Imbisskette kontert. Obelix, der anstelle eines Hinkelsteins einen gewaltigen Dönerspieß trägt, dieses Firmensignet erobert den Osten – zumindest die Oberlausitz.

Oktober 1995. Alles wird gut. Aus dem Geschäftspaar ist ein Liebespaar geworden. In allen Dingen erfolgreich.

Alles im Griff. Nach vier harten Jahren in der ungeliebten Dönerbranche hat Ursula Bielack den ersehnten sozialen Aufstieg geschafft. »Mit dem ›City Pub‹ habe ich mir einen alten Traum verwirklicht.« Müde, aber zufrieden sitzt die Pächterin der Restauration des neu eröffneten Congresshotels in Hoyerswerda auf dem Barhocker. Kein Zweifel: Hier hat eine Frau ihre Würde zurückgewonnen. Endlich nimmt sie den Platz ein, der ihr gebührt. Noch durchdringt der Geruch von frisch verleimtem Holz und Farbe die Luft des Gastraums, schon schwärmt sie von der Qualität und Vielfalt der deutschen und französischen Küche, die in Zukunft die Gäste locken soll.

»Als kleine Kebabverkäuferin kam sie vor vier Jahren verunsichert in ihre Heimatstadt zurück. Heute führt sie eines der ersten Häuser am Platz«, unterbricht ihr Lebensgefährte übermütig und legt seinen Arm liebevoll um ihre Schulter. Ganz so, als wollte er zu verstehen geben, wie gut es tut, neben einer Frau zu leben, die mit sich im Reinen ist. Er ist aufgeräumt an diesem sonnigen Herbsttag. »Der Döner hat uns die Türen geöffnet, um in der Stadt sesshaft zu werden. Hoyerswerda hat ein schlechtes Image, aber die Stadt hat sich geändert.« Aydoğdu lebt gern in der Stadt, die man inzwischen auch in New York kennt.

Vergessen scheinen die vielen Übergriffe auf Betriebe des »Dönerix«-Imperiums. Nur noch unliebsame Erinnerung ist der Tag, als der Sohn von Ursula Bielack von Neonazis ins Koma geprügelt wurde. Erinnerung auch der August 1991, als Mitarbeiterinnen des Terrassencafés »Dönerix« am Knappensee unweit von Hoyerswerda als »Türkennutten« beschimpft und bedroht wurden. So lange, bis sie ihre Stelle eingeschüchtert kündigten. Es war der organisierte Terror von Mitgliedern der »Neuen Deutschen Ordnung«. Im Auftrag eines Berliner Unternehmensberaters und mit Billigung des damaligen Bürgermeisters von Groß Särchen. Beide betrieben ihre einträglichen Geschäfte am See und wollten die ungeliebte Konkurrenz vertreiben.

Auch der Tag des ersten Nachkriegspogroms in Deutschland, der 17. September 1991, scheint bereits Geschichte, als die »Neue Deutsche Ordnung« mit anderen Neonazigruppen und Bürgern der Stadt die Wohnheime bestürmte. Bielack: »Es war verrückt. Die Neonazis kamen zu uns an den Imbiss. In der einen Hand den Döner, die andere Hand zum deutschen Gruß erhoben, rannten sie zurück zum Wohnheim, um weiter zu randalieren.« Vergilbt sind die Drohbriefe aus der rechten Szene, in denen das Geschäftspaar aufgefordert wird, monatlich tausend Mark Schutzgeld für einen Imbisswagen zu bezahlen, verdrängt weitere Brandanschläge und Boykottaktionen von Glatzen.

Im Oktober 1995 ist das alles Geschichte. Auch die Trennung Izzets von seiner Frau, das Zerwürfnis mit seiner Tochter, weil die sich nicht mit der neuen Lebensgefährtin ihres Vaters abfinden mag. Das »Dönerix«-

Imperium ist auf dem Gipfel seines Erfolgs. Der Schritt ins bürgerliche Leben mit dem Restaurant im Congresshotel geschafft.

Die Visionen Aydoğdus haben sich erfüllt. Aus dem Imbisswagen am Lipetzkerplatz wurde ein Restaurant – die »Grill Oase«. Daneben betreibt Aydoğdu mit dem Sohn und der Tochter von Ursula Bielack weitere Grillrestaurants in Rothenburg und Görlitz nahe der polnischen Grenze sowie zwei Imbisswagen in Bernsdorf nahe Senftenberg. Deutsche wie vietnamesische Kunden in Dresden, Cottbus, Bautzen und Zittau werden von der Dönerix GmbH mit Produkten der Berliner Dönerindustrie beliefert – Dönerspieße, Soßen und Fladenbrote.

Locker macht der Erfolg, er beflügelt die Gedanken. Aydoğdu philosophiert: »Der Döner ist mehr als ein billiges Essen. Die Türken wollen sich mit dem Döner beweisen, wie man etwas Gutes billig verkaufen kann, den Deutschen etwas geben kann.« Das Konzept geht auf. Draußen steht die Kundschaft Schlange. Und ganz Ostdeutschland ist inzwischen mit einem dichten Netz an Dönerbuden überzogen. Es gibt inzwischen viele Izzets und Ursulas. Ostdeutsche und Türken kommen sich näher – geschäftlich und privat. Erfolg macht beliebt. Aydoğdu ist 1995 ein angesehener Bürger in Hoyerswerda, nicht mehr nur »der Türke«. In seinem Firmennetz arbeiten dreißig Personen. Fast alle stammen aus der Region.

Nicht nur der Militärstratege, auch der Sozialarbeiter Aydoğdu hat ganze Arbeit geleistet: »›Ihr habt uns die Arbeitsplätze weggenommen!‹ – ›Was hast du gelernt?‹ – ›Kuhmelker!‹ – ›Ich habe studiert und habe deinen Arbeitsplatz nicht weggenommen.‹« Nach endlosen Diskussionen kamen schließlich auch die Glatzen in die »Grill Oase« und haben sich bei Izzet Aydoğdu für die Übergriffe und die Beleidigungen der Vergangenheit entschuldigt. Am Dönerspieß in der »Grill Oase« steht nun einer der ehemals Rechten. Izzet weiß, was er Hoyerswerda schuldig ist: Symbole. Ein etwas aus der Form geratener Hüne schwingt in der Gluthitze des Grills das Dönermesser und verdient sich seinen Lebensunterhalt im Schweiße seines Angesichts.

Vier Jahre später, September 1999. Nichts wird gut. »Dönerix« ist tot. Draußen am Rande der Stadt, wo der Reisende dem Zug entsteigt, zeigt sich Hoyerswerda ungeschminkt. Aufgelassene Geschäfte, verlassene Wohnungen, abgestürzte Alkoholiker. Eine Stadt im Niedergang. Wer kann, der entflieht der Depression. In den zurückliegenden zehn Jahren sank die Zahl der Einwohner von achtzig- auf unter fünfzigtausend. Drinnen im Zentrum spielt man Aufschwung Ost. Im überdimensionierten Lausitz-Center werben Karstadt, C&A, NanuNana, Drospa, Orsay und Dutzende anderer Handelsketten um die zahlungsschwache Kundschaft. Auch ein paar hundert Meter weiter, am Lipetzkerplatz, schöne neue Welt. Die »Grill Oase« gibt es nicht mehr. Dafür an gleicher Stelle seit Weihnachten 1998 eine viel zu große, viel zu teure Shopping Mall für Sozialhilfeempfänger und Arbeitslose – »Conny's Container«, »Netto Marken-Discount«.

An der Bautzener Allee liegt das »HoyWoy«. Ursulas Tochter Karina hat den Laden, einen heruntergewirtschafteten Pavillon, vor ein paar Tagen eröffnet. Die Gäste gehören nicht zur Elite Hoyerswerdas, es fließt reichlich Bier und Korn. Ein kleiner, erbärmlicher Spieß dreht sich im Hintergrund. Trauriger Rest des »Dönerix«-Imperiums. Nicht mehr als eine Reminiszenz an bessere Tage.

Aus dem Optimisten Izzet ist ein 58-jähriger Skeptiker geworden: »Ich habe mich verschätzt. Der Osten hat keine ökonomische Zukunft.« Aus der aufstiegsorientierten Ursula Bielack ist eine 58-Jährige geworden, die mit Krankheiten kämpft und mit einer bitteren Erkenntnis: »Wären wir in der Dönerbranche geblieben, hätten wir jetzt unser eigenes Haus und säßen nicht in dieser Zweiraumwohnung.« Von der Küche im fünften Stock hat man einen weiten Blick in das Karree der renovierten Plattenbauten. Das »Dönerix«-Imperium ist zerrieben zwischen Ambitionen, verwildertem Geschäftsgebaren und kriminellen Machenschaften. Erst stürzte der Dönerkonsum ins Bodenlose. »Um mehr als fünfzig Prozent«, so Aydoğdu.

Warum? »Es sind zu viele Asylanten, Rumänen und Vietnamesen in die Branche gedrängt, mit schlechten

Sprachkenntnissen und schlechtem Service«, meint Ursula Bielack. »Das Image des Döners ist durch Rinderwahnsinn und Negativberichte, von denen leider siebzig Prozent der Wahrheit entsprechen, schwer angeschlagen«, meint dagegen Aydoğdu. Auch das »City Pub« im Congresshotel gibt es nicht mehr. Bielack musste es 1997 wegen drohender Insolvenz aufgeben. Es gibt in Hoyerswerda keinen Bedarf an gehobener französischer Küche – Verlust rund zweihunderttausend Mark. Die »Grill Oase« am Lipetzker Platz fiel dem Einkaufszentrum und überhöhten Mietforderungen zum Opfer. »Rund vierzig Mark für den Quadratmeter, das ist indiskutabel«, klagt Aydoğdu.

Das Geschäftsduo wollte es 1997 ein letztes Mal wissen. Tatsächlich manövrierte es sich ins geschäftliche Aus. »Das Angebot war zu gut, um es ausschlagen zu können«, sagt Ursula. Dreihunderttausend Mark investierte sie mit Izzet in das am Senftenberger See gelegene Traditionsrestaurant »Seeblick«. Es ist Teil der Seniorenresidenz Senftenberg und schien eine sichere Bank zu sein. Mit dem Vermieter wurde vereinbart, dass das Restaurant die Alten bekocht.

Es kam anders. Kaum hatten die beiden den Betrieb eröffnet, richteten die Betreiber der Seniorenresidenz über dem Restaurant eine Pflegestation ein. Die versprach üppige Tagessätze. Von nun an war Musik verboten und an Feiern nicht mehr zu denken. Die Alten wurden von einer Großküche bekocht. Stück für Stück wurde dem »Seeblick« die wirtschaftliche Grundlage entzogen. Ein abgekartetes Spiel.

Inzwischen haben Aydoğdu und Bielack erfahren, dass sie nur ein Bauernopfer im miesen Spiel um das große Geld waren. Die Betreiber der schicken und teuren Seniorenresidenz hatten von den Behörden die Baugenehmigung nur unter der Auflage erhalten, dass sie den Erhalt des »Seeblicks« garantierten. Das taten sie auch – zum Schein und mit dem Geld Ursulas und Izzets. Der Vermieter des »Seeblicks« ist der Berliner Immobilienfondsmanager Jürgen Hanne. Gegen ihn ermittelt die Berliner Staatsanwaltschaft im Herbst 1999 wegen Betrugs und Urkundenfälschung. Ein Millionenskandal zeichnet sich ab, berichtet die *Bild am Sonntag* am 12. September 1999. Aber die Aufklärung kann dauern. Eine Gewissheit bleibt für Ursula – ihre dreihunderttausend Mark am Seeufer sind in den Sand gesetzt.

Der Wilde Osten war stärker als Izzets Visionen. Für einen weiteren Anlauf reicht die Kraft nicht mehr. Izzet will nach Izmir. Dort hat er wenigstens Sonne, Meer und eine Wohnung. Und einflussreiche Jugendfreunde aus seiner Armeezeit. »Vielleicht«, sagt Izzet, »lässt sich mit deren Hilfe etwas in der Tourismusbranche drehen.« Ursula zögert – wegen der fehlenden Leberwurst in der Türkei. Doch dann besinnt sie sich: »Zu DDR-Zeiten habe ich die auch selbst gemacht.«

Mit der Frage, wie das Leben von Izzet Aydoğdu und Ursula Bielack nach 1999 weiterverlaufen ist, möchte ich Sie alleinlassen. Das Leben ist nicht gerecht, deshalb möchte ich Sie stattdessen darüber informieren, wie das Leben des Immobilienmanagers Jürgen Hanne nach 1999 weiterverlaufen ist: Im April 2000 wird Hanne wegen mehrfachen Kapitalanlagebetrugs zu einer Freiheitsstrafe von anderthalb Jahren verurteilt, berichtete der *Tagesspiegel* am 14. April 2000: »Die Strafe wurde zur Bewährung ausgesetzt. Hanne gab vor dem Amtsgericht Tiergarten zu, Werbeprospekte geschönt zu haben, um Anleger für seine Immobilienfonds zu gewinnen. [...] Richter Ralph Obermeier begründete das milde Urteil mit der Tatsache, dass Hanne geständig sei und durch die Betrugsdelikte keine ›echten Schäden‹ aufgetreten seien.«

Jürgen Hanne wanderte nach diesem Urteil nach Kanada aus. Tatsächlich hatte die Dr. Hanne-Gruppe bis zur Jahrtausendwende mit Immobilienfonds für Seniorenresidenzen und Hotels rund 1,5 Milliarden Mark eingesammelt. Ihre Pleite riss auch die Bankgesellschaft Berlin mit in den Abgrund und war deshalb Gegenstand in einem Untersuchungsausschuss des Berliner Abgeordnetenhauses. Am 5. Januar 2012 berichtete die *Wirtschaftswoche*: »Zwölf Jahre nach dem Milliarden-Crash seines Immobilienimperiums mischt Jürgen Hanne offenbar wieder am deutschen Kapitalmarkt mit.« Hanne hat nach Recherchen der *Wirtschaftswoche* enge Verbindungen zu Ölfonds, die von der kanadischen Conserve Oil Corporation sowie deren Tochterfirmen in Deutschland vertrieben werden. Bis zum Zeitpunkt des Berichts in der *Wirtschaftswoche* hatten sie bereits rund 300 Millionen Euro eingeworben.

## Kontinuum der Gewalt

Die Gewalt der Neonazis gegen Dönerimbisse und migrantische Restaurants und ihre Betreiber hat in Ostdeutschland, aber auch in Westdeutschland nach 1999 zu keinem Zeitpunkt aufgehört. Seit sich Izzet Aydoğdu und Ursula Bielack 1990 mit dem Döner Kebap in den Osten vorwagten, gibt es ein über dreißigjähriges Kontinuum von Gewalt, Angriffen und Anfeindungen auf die Einrichtungen und ihre Betreiber. Seltsamerweise werden diese nicht systematisch erhoben, es gibt keine Statistiken und kaum jemand forscht dazu. Aber das bedeutet nicht, dass wir uns kein Bild von der Drastik der Lage machen könnten. Auch bei einer konservativen Schätzung müssen wir in den zurückliegenden Jahren von mindestens 1000 Angriffen auf Dönerimbisse allein in Ostdeutschland ausgehen, wo diese wesentlich häufiger geschehen als im Westen. Mal werden Schaufensterscheiben eingeworfen, mal Brandsätze geworfen, Imbisswagen in Brand gesteckt oder die Betreiber niedergeschlagen und die Gäste bedroht. Die Zahl 1000 ergibt sich aus eigenen Hochrechnungen, die sich auf archivierte Presseberichte, laufende Internetrecherchen und regionale Untersuchungen und Analysen wie die der Opferperspektive Potsdam zum Land Brandenburg stützen. Aus dieser werden wir weiter unten noch ausführlich zitieren.

Die Anschläge gegen Einrichtungen der ethnischen Gastronomie rücken immer nur dann für einen kurzen Moment in das Blickfeld einer breiteren Öffentlichkeit, wenn es eine besonders spektakuläre Gewalttat zu vermelden gilt. Zum Beispiel als der Rechtsextremist Stephan Balliet am 9. Oktober 2019 ein Attentat auf den »Kiez-Döner« in Halle verübte und den Gast Kevin Schwarze erschoss, nachdem der geplante Anschlag auf die Synagoge misslungen war. Oder als in Chemnitz 2018 vor und nach der Hetzjagd von Neonazis und Bürgern auf Geflüchtete innerhalb weniger Tage ein koscheres jüdisches, ein türkisches und zwei persische Restaurants von Neonazis angegriffen wurden. Die große Mehrheit der Angriffe schafft es nicht in die Medien und wenn, dann meist nur in die lokalen Nachrichten.

Die Gewalt trifft nicht alle migrantischen Gastronomen gleichermaßen. Pizzerien sind seltener das Ziel, vietnamesische Imbisse und jüdische Restaurants schon häufiger, zu über 80 Prozent trifft es in Ostdeutschland türkische Imbisse und Restaurants. Das mag ein weiterer Grund sein, weshalb wir so selten von diesen Übergriffen lesen, hören und uns gemeinsam empören. Es scheint so, als sei die Mehrheit der bundesdeutschen Gesellschaft über die Jahrzehnte der rechten Gewalt gegenüber Menschen aus der Türkei inzwischen ein wenig abgestumpft und empfindungslos geworden.

Glücklicherweise ändert sich dies in jüngster Zeit. So hat die bildende Künstlerin und Aktivistin Ülkü Süngün im März 2021 die Veranstaltung »Erster Bundesdeutscher Antirassistischer Döner-Imbiss-Kongress« organisiert, auf welcher der Betreiber des »Kiez-Döners« in Halle und ein Dönerbetreiber aus Chemnitz über ihre Erfahrungen mit rassistischen Anschlägen berichteten. Gegenüber der *taz* erklärt Süngün, warum ihrer Meinung nach Dönerimbisse rechtsradikale Gewalt triggern: »Diese Restaurants und Imbisse symbolisieren die Emanzipation von so vielen Migrant*innen. Sie haben sich, teilweise als ehemalige Gastarbeiter*innen, von Jobs befreit, in denen sie von Deutschen drangsaliert wurden. Sie haben sich eigene Existenzen aufgebaut, bei denen sie selbst die Chefs sind. Und der teils große wirtschaftliche Erfolg dieser Unternehmer*innen ärgert halt viele Menschen innerhalb der Mehrheitsgesellschaft, einige radikalisierte Rechte sehen dann einen Anlass, dagegen gewalttätig vorzugehen.«[49] Wenngleich die Reichweite dieser Kunstaktion recht bescheiden war, so ist es doch ein kleiner Schritt, damit sich künftig mehr Menschen in diesem Land mit dem Thema auseinandersetzen.

Eine bislang rühmliche Ausnahme ist die Studie »Fremdenfeindliche und rechtsextreme Übergriffe auf Imbissbuden im Land Brandenburg«, die von der Opferperspektive 2005 in Auftrag gegeben wurde. In ihr werden alle 58 bekanntgewordenen Angriffe auf Imbisse der ethnischen Gastronomie in Brandenburg der Jahre 2000 bis 2004 analysiert.[50] Die Studie kommt zu dem Fazit: »Die Erfahrungen der befragten ImbissbetreiberInnen zeigen, dass spektakuläre Gewalttaten nur ein Teil von alltäglich erfahrenen Übergriffen sind. Auch BetreiberInnen, die nicht Opfer eines Brandanschlags wurden, stehen oft durch rassistische Beschimpfungen und Bedrohungen massiv unter Druck.«[51] Und die Studie benennt auch, wodurch sich die Situation in Ostdeutschland von der in Westdeutschland unterscheidet: »Die gewalttätigen Übergriffe stehen im direkten Zusammenhang mit der schwachen sozialen Position, die die BetreiberInnen haben. Sie haben keine schützende Community vor Ort und sind in die lokalen und sozialen Netzwerke der Geschäftsleute oder Nachbarschaften wenig oder gar nicht integriert. In einer mehrheitlich fremdenfeindlichen Atmosphäre sind sie Zielscheibe xenophober und rechtsextremer Gewalt.«[52]

Auf Grundlage der zitierten Studie erstellte die Opferperspektive Brandenburg 2005 die Broschüre »Angriffsziel Imbiss. Rechte Gewalt gegen Imbissbetreiber mit Migrationshintergrund«. In ihr befindet sich nachfolgende Chronologie der Übergriffe auf Imbissbuden in Brandenburg in den Jahren 2000 bis 2004.[53] Der Zeitraum war bezüglich rechtsradikaler Gewalt übrigens eine eher ruhige Phase der Nachwendezeit. Sie war ruhiger als die Jahre der entfesselten rassistischen und muslimfeindlichen Diskurse nach 2005, auf die wir am Ende des nächsten Kapitels »Vom Reinheitsgebot zur Döner-Mafia« noch eingehen werden. Und sie war ruhiger als zum Beispiel die Zeit nach 2014, als Pegida und AfD vielerorts die »besorgten Bürger« mobilisierten und zu einer Massenbewegung wurden.

2000

**Meyenburg, 28.1.2000**

Ein türkischer Imbiss wurde mit Steinen angegriffen. Zwei Schaufensterscheiben und die Eingangstür gingen zu Bruch.

**Kyritz, 29.1.2000**

Ein türkischer Imbisswagen wurde durch einen Brandanschlag stark beschädigt.

**Velten, 25.3.2000**

Auf einen Asia-Imbiss wurde ein Brandanschlag verübt. Der 42-jährige vietnamesische Besitzer konnte das Feuer rechtzeitig löschen.

**Wittstock, 1.4.2000**

Die Schaufensterscheibe eines türkischen Restaurants wurde von einem faustgroßen Granitstein zertrümmert und die Außenscheibe eines Hongkong-Imbisses durch Tritte beschädigt.

**Guben, 21./22.4.2000**

Die Fensterscheiben eines asiatischen Restaurants wurden mit Pflastersteinen eingeworfen und das Lokal mit Hakenkreuzen beschmiert.

**Eberswalde, 11.8.2000**

Zwei Mitarbeiter eines türkischen Imbissstandes wurden von drei Deutschen beleidigt und gewürgt.

**Kyritz, 20.8.2000**

Zwei 18 und 27 Jahre alte Deutsche demolierten einen Dönerimbiss. Sie rissen Preisschilder ab, warfen Stehtische um und beleidigten den Inhaber »in übler volksverhetzender Art«, wie die Staatsanwaltschaft mitteilte.

**Teltow, 9./10.9.2000**

Unbekannte schütteten in einem vietnamesischen Imbissstand Lebensmittel aus und beschmierten den Verkaufstresen mit einem Hakenkreuz und SS-Runen.

**Frankfurt (Oder), 16./17.9.2000**

Auf einen türkischen Imbiss wurde ein Brandanschlag verübt. Das Bistro war zuvor mit Hakenkreuzen und der Aufschrift »NSDAP« beschmiert worden.

**Stahnsdorf, 21.9.2000**

Ein türkischer Döner-Stand wurde durch einen Brandanschlag vollständig zerstört.

**Klosterfelde, 22.9.2000**

Ein kurdischer Imbissbesitzer, der mehrfach

von rechtsextremen Jugendlichen bedroht worden war, wurde von einem 15-Jährigen aufgefordert, eine Anzeige wegen Bedrohung, Sachbeschädigung und Beleidigung zurückzunehmen, da sonst ein »Molotow-Cocktail durch die Scheibe fliegen« würde.

**Bernau, 7.10.2000**

Auf ein indisches Spezialitätenrestaurant wurde ein Anschlag verübt. Ein 19-jähriger Jugendlicher aus der rechten Szene soll eine Fensterscheibe des Lokals eingeschlagen und mit einer Schreckschusspistole mehrere Schüsse in die Luft abgegeben haben.

**Trebbin, 27./28.12.2000**

Ein türkischer Imbisswagen wurde vermutlich von Rechtsextremen in Brand gesetzt.

2001

**Königs Wusterhausen, 26.2.2001**

Vier italienische Mitarbeiter einer Pizzeria wurden von zwei 33-jährigen Deutschen rassistisch beschimpft und mit einer Pistole bedroht.

**Potsdam, 29./30.3.2001**

Ein türkischer Wirt wurde in der Innenstadt von zwei 25 und 28 Jahre alten Männern mit ausländerfeindlichen Parolen beschimpft und bedroht.

**Müncheberg, 1.6.2001**

Der Betreiber eines China-Imbisses wurde von

einem 45-jährigen betrunkenen Deutschen rassistisch beschimpft. Dann demolierte der Mann den Imbiss. Es entstand ein Schaden von rund 1000 DM.

**Parstein, 27.7.2001**

Ein türkischer Imbissbesitzer wurde von zehn Rechtsradikalen tätlich angegriffen.

**Senftenberg, 15.9.2000**

Zwei türkische Männer und ein Kurde wurden vor einem Dönerimbiss rassistisch beschimpft und geschlagen.

2002

**Wittstock, 6.3.2002**

Vermutlich rechtsradikale Täter brachen in einen chinesischen Imbiss ein. Dabei wurde die Kasse beschädigt, 30 Euro und Getränke gestohlen und der Inhalt des Feuerlöschers versprüht. Es entstand ein Sachschaden von etwa 500 Euro.

**Hennigsdorf, 10.3.2002**

Der Besitzer und ein Angestellter eines türkischen Imbisses wurden geschlagen und das Mobiliar demoliert. Beide mussten ambulant behandelt werden.

**Wittenberge, 21.4.2002**

Auf einen Dönerimbiss wurde ein Brandanschlag verübt.

**Perleberg, 20.4.2002**

Ein Dönerimbiss wurde durch einen Brandanschlag vollständig zerstört.

**Wittstock, 8./9.6.2002**

Zwei Fensterscheiben eines türkischen Restaurants wurden mit faustgroßen Feldsteinen eingeworfen.

**Lehnitz, 4.7.2002**

Auf einen türkischen Imbiss wurde von rechtsextremen Jugendlichen im Alter von 17 und 19 Jahren ein Brandanschlag verübt.

**Eisenhüttenstadt, 25.7.2002**

Auf einen Dönerimbiss am Busbahnhof wurde ein Brandanschlag verübt.

**Vetschau, 14./15.9.2002**

Auf einen Dönerimbiss wurde ein Brandanschlag verübt.

**Perleberg, 19.10.2002**

Ein Döner-Stand in der Hamburger Straße wurde gegen 1.45 Uhr durch eine direkt neben dem Wagen platzierte brennende Mülltonne beschädigt.

## 2003

**Rheinsberg, 8.2.2003**

Ein Dönerimbiss wurde gegen 21 Uhr von Unbekannten angezündet. Die Täter setzten einen Reifen des Verkaufswagens in Brand. Die Flammen breiteten sich über den Radkasten auf die darüber liegende Außenwand aus. Da der Brand schnell gelöscht werden konnte, blieb das Inventar unversehrt.

**Potsdam, 24.3.2003**

Aus einer größeren Gruppe warfen Jugendliche mit »Heil Hitler«-Rufen Steine gegen einen Dönerimbiss.

**Wittstock, 8.4.2003**

Der Betreiber eines Dönerimbisses wurde aus einer fünfköpfigen Gruppe Jugendlicher heraus beschimpft und mit einem Messer bedroht, nachdem sie einen Papierkorb gegen seinen Laden geworfen hatten. Bei der Verhaftung wurden verfassungsfeindliche Symbole sichergestellt.

**Potsdam, 28.4.2003**

Ein 28-jähriger türkischer Imbissbesitzer wurde gegen 22 Uhr von drei Männern rassistisch beschimpft und ins Gesicht geschlagen, nachdem er die Gäste wegen Trunkenheit des Lokals verwiesen hatte. Außerdem beschädigten die Täter die Einrichtung des Imbissstandes.

**Potsdam, 18.5.2003**

Der Besitzer eines Imbisses wurde von einem Rechtsradikalen als »Scheiß-Ausländer« beschimpft und geschlagen. Der Imbissbetreiber war bereits am 28.4.2003 angegriffen worden.

**Templin, 31.7.2003**

Auf ein China-Restaurant wurde ein Brandanschlag

verübt. Es entstand ein Schaden von etwa 30 000 Euro.

**Rheinsberg, 11.8.2003**

Auf einen Dönerimbiss wurde am späten Abend ein Brandanschlag verübt. Unter dem Imbissstand war Zeitungspapier entzündet worden. Dabei entstand geringer Sachschaden. Die Polizei löschte das Feuer und nahm mehrere tatverdächtige Rechtsextreme fest.

**Nauen, 15.8.2003**

Auf einen Asia-Imbiss wurde von der Gruppe »Freikorps« ein Brandanschlag verübt. Ein Müllcontainer wurde angezündet.

**Nauen, 31.8.2003**

Auf einen Imbiss wurde von der Gruppe »Freikorps« ein Brandanschlag verübt. Das Feuer griff auf einen Norma-Supermarkt über.

**Hennigsdorf, 3.9.2003**

Auf ein türkisches Bistro wurde ein Brandanschlag verübt. Der 26-jährige Täter, ehemaliger Vorsitzender der rechtsextremistischen »Kameradschaft Oberhavel«, hatte gegen 20 Uhr versucht, mit zwei brennenden Molotow-Cocktails in das mit sechs Personen besetzte Bistro zu gelangen. Als ihm der Zutritt verwehrt wurde, warf er mindestens einen der Brandsätze gegen die Tür und flüchtete.

**Templin, 12.9.2003**

Drei Rechtsradikale im Alter von 14, 15 und

21 Jahren randalierten in einem China-Restaurant, wobei sie die Einrichtung beschädigten. Dann versuchten sie, mit Steinen die Scheiben einzuwerfen.

**Hennigsdorf, 27.9.2003**

Der Besitzer eines türkischen Imbisses wurde von drei Rechtsextremen mit Besenstielen geschlagen und verletzt.

**Pritzwalk, 7.11.2003**

Auf zwei Imbissstände wurden Brandanschläge verübt. Ein Asia-Imbiss brannte vollständig nieder, bei einem türkischen Imbiss kam es zu Verrußungen an der Außenwand.

**Wusterhausen, 27.11.2003**

Auf einen vietnamesischen Imbisswagen wurde um 20 Uhr ein Brandanschlag verübt. Der Wagen brannte völlig aus.

**Rathenow, 4.12.2003**

Drei Rechtsextreme warfen gegen 3.30 Uhr die Scheiben eines von einem Kurden betriebenen Imbisses mit einem Fahrradständer ein.

**Brieselang, 13./14.12.2003**

Auf einen Imbisswagen am Markplatz wurde von der Gruppe »Freikorps« ein Brandanschlag verübt. Die Täter hatten die Eingangstür aufgebrochen und einen Brandsatz gelegt. Die Inneneinrichtung des Wagens wurde stark beschädigt.

**Rheinsberg, 20.12.2003**

Auf einen Dönerimbiss wurde ein Brandanschlag

verübt. Die Täter hatten einen vor dem Imbiss liegenden Kunstrasenteppich in Brand gesetzt. Am Imbiss entstand leichter Sachschaden durch Rußablagerung.

**Falkensee, 28.12.2003**

Auf einen Dönerimbiss wurde von der Gruppe »Freikorps« ein Brandanschlag verübt. Die Täter hatten Unrat hinter dem Wagen in Brand gesteckt.

2004

**Hörlitz, 28.1.2004**

Auf einen Dönerimbiss wurde in der Nacht zum Sonnabend durch zwei 18- und 20-jährige Rechtsextreme ein Brandanschlag verübt. Der Imbisswagen brannte vollständig nieder.

**Brück, 6.2.2004**

Auf einen Dönerimbiss wurde gegen 3.10 Uhr durch Rechtsextreme ein Brandanschlag verübt. Die Täter warfen einen Molotow-Cocktail durch ein Fenster. Der im Imbiss schlafende Angestellte wurde wach und löschte den Brand.

**Cottbus, 8.2.2004**

Der türkische Betreiber eines Dönerimbisses wurde von mehreren Rechtsextremen rassistisch beschimpft und mit der Faust ins Gesicht geschlagen. Er erlitt einen Nasenbeinbruch.

**Fürstenwalde, 21.2.2004**

Auf einen Dönerimbiss wurde ein Anschlag verübt. Die Täter brachen in den Imbiss ein, zerschlugen eine Fensterscheibe und verwüsteten nahezu den gesamten Innenraum. Sie öffneten eine Propangasflasche und legten mehrere angezündete Zigaretten im Verkaufsstand ab.

**Angermünde, 25.2.2004**

Der Betreiber eines Dönerimbisses wurde von einem Rechtsextremen angegriffen und verletzt.

**Falkensee, 26.3.2004**

Auf einen Dönerimbiss wurde von der Gruppe »Freikorps« gegen 0.30 Uhr ein Brandanschlag verübt. Das Dach des Imbisses wurde beschädigt.

**Schönwalde, 27.3.2004**

Auf einen Dönerimbiss wurde kurz vor Mitternacht von der Gruppe »Freikorps« ein Brandanschlag verübt.

**Brieselang, 30.4.2004**

In der Nacht wurde von der Gruppe »Freikorps« ein Brandanschlag auf einen Asia-Imbiss verübt. Es entstand leichter Sachschaden.

**Falkensee, 5.5.2004**

Auf einen vietnamesischen Imbiss wurde von der Gruppe »Freikorps« ein Brandanschlag verübt. Es entstand leichter Sachschaden.

**Nauen, 26.6.2004**

Auf einen Imbiss wurde ein Brandanschlag verübt.

**Trebbin, 14.7.2004**

Auf einen Dönerimbiss wurde ein Brandanschlag verübt.

**Wriezen, Neuhardenberg, Letschin, 22.–24.8.2004:**

In der Zeit zwischen dem 22. und 24. August entstanden in Wriezen, Neuhardenberg und Letschin in fünf Fällen Sachbeschädigungen in Höhe von insgesamt 9000 Euro an fünf Asia- und Dönerimbissständen.

**Velten, 13.11.2004**

Der Besitzer eines türkischen Bistros wurde bei einer Auseinandersetzung mit einem rechtsextremen Jugendlichen verletzt. Das Bistro war schon mehrere Male mit Hakenkreuzen beschmiert worden.

**Fürstenwalde, 28.12.2004**

Auf einen Dönerimbiss wurde gegen 0.45 Uhr mit einem Molotow-Cocktail ein Brandanschlag verübt. Die Brandflasche zerstörte die äußere Scheibe, ein Brand brach nicht aus.

* * *

Keine Branche dürfte nach 1949 in Deutschland mit vergleichbaren Anfeindungen zu kämpfen gehabt haben wie die Dönerindustrie und die Imbissbetreiber bei der Erschließung des ostdeutschen Marktes für ihre Produkte. Wie viele Menschen in den zurückliegenden Jahren angesichts der Angriffe aufgegeben und dem Osten den Rücken gekehrt haben, wie viele Traumatisierungen, Verletzungen und auch Tote es in den 32 Jahren seit Öffnung der Mauer bei der Erschließung Ostdeutschlands für den Döner gegeben hat, ist unbekannt. Es bleibt ein düsteres Kapitel der Nachkriegsgeschichte, das die Sozial-, Wirtschafts- und Gesichtswissenschaften noch genauer und detaillierter zu erforschen haben.

Trotz aller Schwierigkeiten: Der Döner kam, um zu bleiben. Und in Hoyerswerda versorgen heute, im Jahr 2022, acht Dönerimbisse die 38 000 Einwohner der stark geschrumpften Stadt. Und sie haben so klangvolle Namen wie Masare Sharif Döner, Antalya Imbiss, Altstadt Döner, Arena Döner Dönerladen, WK6 Döner, Hasan's Döner Eck und Aspendos Döner Point.

# 5.
# VOM REINHEITSGEBOT ZUR DÖNER-MAFIA

Als Franke liebe ich das Essen. Vor allem die fränkische Küche. Wirklich heimisch fühle ich mich erst in den traditionellen Gasthöfen südlich von Thüringen; in den Wirtshäusern, die seit Generationen von Familien betrieben werden und etwas zu verteidigen haben – ihre handwerkliche Ehre. Hier werden keine Zugeständnisse an modischen Schnickschnack gemacht. Die bestellte Halbe ist wirklich noch ein halber Liter Bier, der Schoppen Wein ein viertel Liter. Und jede Mahlzeit wird mit einem hauseigenen Obstler abgerundet.

Würzige Bratwürste mit Sauerkraut, ein pikanter Schweine- oder Lammbraten, Leberknödelsuppe, Rinderrouladen, Tafelspitz, Hirschgulasch mit Preiselbeeren und Blaukraut. Vollkommenes Glück ist ein Altweibersommernachmittag in einem fränkischen Winzerdorf, während der Zeit der Weinlese. Der erste Most gärt in den Kellern. Die Sonne wärmt mit letzter Kraft und ein feucht-modriger Geruch durchzieht die Straßen. Wer in diesem Ensemble jemals eine einfache Bauernmahlzeit, einen »Brotzeitteller« mit weißen und roten Gelegten, geräuchertem Schinken und Gewürzgurken genießen durfte, der weiß um den faden Geschmack der Surrogate, die in städtischen Restaurants mit wohlklingenden Namen für teures Geld angeboten werden.

»Schlagt die Hand ab, dem Verbrecher, der dies zu verantworten hat!« – das waren meine ersten Gedanken als Neuberliner. Was hier Mitte der Siebzigerjahre in schmuddeligen Bäckereien und abgeranzten Metzgereien als Kreationen des Berliner Handwerks geliefert wurde und zum Entsetzen auch noch Kundschaft gefunden hatte, war nicht nur ein Generalangriff auf die Geschmacksnerven. Es grenzte an Körperverletzung. In Bayern, Baden-Württemberg oder gar in Österreich hätten aufgebrachte Bürger diese Verhunzer göttlicher Gaben längst der Stadtgrenzen verwiesen. Zumindest wäre die Diskussion um mittelalterliche Strafexpeditionen wie Teeren und Federn, öffentlicher Pranger, Rädern oder Eintauchen in die Jauchegrube neu entflammt.

Die Berliner, so erscheint es dem Fremden, betrachten Nahrungsmittel nicht auch als mögliche Genussmittel, sondern ausschließlich als gebundene Moleküle, denen keine andere Funktion zukommen soll, als sie am schlichten Leben zu erhalten. Die Ernährungslage in den Siebzigerjahren war ähnlich düster wie ein in der Gründerzeit errichtetes und durch Kriegseinwirkungen gezeichnetes Altbauviertel an einem verhangenen, nasskalten und versmogten Wintertag vor der Stadtsanierung: grau, trist, deprimierend und zum Himmel stinkend.

Wie tief muss eine Population in ihrer Selbstachtung gesunken sein, die die Nachkriegskreation Currywurst, mit und ohne Darm, über Jahrzehnte als ihr Hauptnahrungsmittel angenommen hatte und den nach 1945 in Umlauf gebrachten Tomatenketchup als kulinarische Revolution begreift? Jeglicher verstandesmäßigen Annäherung verschließt sich der Berliner, wenn man ihn an einer der Tausenden von Imbissbuden beobachtet. Mit zufriedenem Grunzen spießt er seine vom Würstchen-Dealer zerlegte Wurst – auch das ein Ausdruck bedenklicher Infantilität – mit einem kleinen Plastikgäbelchen auf, schlingt sie hastig hinunter, um mit ketchupverschmierten Mundwinkeln nochmals einen Nachschlag zu ordern.

## Kebap oder Ke-Papp?

In einer dieser »Grillstationen«, wie sich diese Fast-Food-Betriebe hin und wieder selbstbewusst nennen, in der Dunckerstraße im Ostberliner Stadtteil Prenzlauer Berg angesiedelt, habe ich im Herbst 1995 die Vorhölle betreten. Ein kleiner Kebap-Spieß – bis dahin war mir unbekannt, dass auch zwei, drei Kilospieße im Umlauf sind – dreht sich mit unendlicher Langsamkeit um die eigene Achse. Der Döner ist von einer undefinierbaren, schwitzig-klebrigen Konsistenz und dunkelbrauner

Farbe. Es ist 20 Uhr und Hochbetrieb. Junggesellen stürmen die Bude auf der Jagd nach etwas Essbarem. Sättigen soll es und vor allem den Bierdurst anregen. Wie die bestellten »Gerichte« heißen, ist nebensächlich. Hier zählen ohnehin nur Pökelsalz und jede Menge Geschmacksverstärker als Qualitätsmerkmale. Wie quengelige, hungrige Kinder ihre Eltern nach einem langen Tag im Freibad treiben die Kunden den Wirt zur Eile an. In altem Fett frittierte Currywürste und Buletten sowie Pommes inklusive Bier und Schnaps werden in Windeseile über den Verkaufstresen geschoben. Hier in unmittelbarer Nachbarschaft zu Hotdog, Bockwurst und »Dany's schnelle Küche« hat der Döner seine definitive Berliner Veredelung erfahren.

Gewohnt, bei Recherchen härteste Herausforderungen anzunehmen, protestieren sämtliche Sinnesorgane und Körperzellen, nachdem das Stammhirn aus lauter Pflichtgefühl den Befehl ausgesandt hatte: »Los, Augen zu! Testessen!« – »Nein, diesen Döner ess' ich nicht!«, melden Magen, Augen, Geruchssinn und Geschmacksnerven angewidert zurück. »Hab dich nicht so. Es geht um die Glaubwürdigkeit deiner Recherchen.« – »Nein, von Selbstverstümmelung steht nichts im Vertrag!«, rebellieren die Eingeweide. Der Körper droht mit einer Speiseröhrenverklappung. Der innere Kampf dauert qualvolle Minuten. Währenddessen fuhrwerkt der Grillmeister unbeirrt und selbstzufrieden mit Mikrowelle, Fritteuse, Hotdogs, Schnapsgläsern, Bierflaschen und verbranntem Kaffee herum. Der Laden brummt. Wahrscheinlich hat es sich der dreißigjährige Wirt in seinem früheren Leben nicht erträumt, für das von ihm angerichtete Desaster jemals so viel Zuspruch zu erhalten wie an diesem Ort.

Nach eingehendem Studium der vom Junggesellenskorbut gezeichneten fahlen Gesichter der Kundschaft siegt die Vernunft. Ich begnüge mich mit einem Bier und fahre anschließend zurück nach Neukölln, wo ich damals wohne. In der Hermannstraße kämpfen in diesen Wochen mehr als zwanzig Dönerstände um die Kundschaft. Sie hat vor allem eines im Visier – ein »Schnäppchen«. Die wie sonst nirgends ausgeprägte Schnäppchenmentalität der Berliner, die dazu führt, den immer noch größeren, fetteren Döner zum kleinstmöglichen Preis zu suchen, brachte einen ganzen Berufsstand auf die schiefe Ebene. Ende der Achtzigerjahre konnte der aufmerksame Konsument einen rapiden Qualitätsverfall des Berliner Döner Kebaps schmecken. Was damals als Döner zwischen dem Fladenbrot versteckt wurde, brachte so manchen Altkonsumenten auf die Palme. Just zu diesem Zeitpunkt wurde die selbst auferlegte Zurückhaltung gestandener Internationalisten gegenüber den türkischen Immigranten brüchig. Kritische Stimmen mehrten sich. 1988 war der deutsch-türkische Dialog, die friedliche Koexistenz selbst in der damaligen Döner-Hochburg Kreuzberg vor dem Imbiss ernsthaft gefährdet. Die migrationspolitische

Fachjournalistin Elisabeth Klappheck sah sich 1988 angesichts dieser besorgniserregenden Entwicklung zur Intervention genötigt. »Wir Linken haben gegen Evren demonstriert, doch die Türken in Kreuzberg wollen uns mit dieser Scheiße vergiften, sagte einer der Demonstranten. Das Fleisch sei schlecht, wenn nicht gar gesundheitsgefährdend; es bestehe nur aus Weißbrotpampe vermischt mit Rinderfett.«[54] Und Klappheck kommt zu dem Schluss: »Eine mitunter rassistische Phobie gegen das Döner Kebap breitet sich aus.«

Die Aussage, »die wollen uns mit dieser Scheiße vergiften«, mit der Konstruktion eines Ihr und Wir, ist rassistisch und nah am antisemitischen Stereotyp vom fremden Anderen und Andersgläubigen, der uns vergiften möchte. Auf dieses Thema werden wir später im Abschnitt »Die Erfindung der Döner-Mafia« noch einmal zurückkommen. Die Kritik an der Qualität der Döner und Missstände in der Dönerproduktion waren indes mehr als berechtigt. Sie war der letzte Versuch einer wachen Minderheit, die über einen Rest von Geschmacksnerven verfügte und noch nicht vollständig der kulinarischen Agonie verfallen war, mit einem lauten Aufschrei der vollständigen Verberlinerung des Döner Kebaps Einhalt zu gebieten. Die Qualität des Döner Kebaps war 1988 auf den Hund gekommen, sprich: auf Berliner Fast-Food-Niveau heruntergewirtschaftet. Anstatt in Scheiben übereinander geschichtetes Kalbs-, Rind- oder Lammfleisch, dem Yaprak-Döner, gelangten neue Varianten in Umlauf. Bei dem Döner Kebap der Achtzigerjahre handelte es sich mehrheitlich um durchgewolftes Gehacktes, das mit Stärke zusammengehalten wurde. Der Lebensmitteltechnologe Josef Jöckel vom Landesuntersuchungsinstitut für Lebensmittel in Berlin alarmierte 1988 nach Analysen von 62 Proben die Öffentlichkeit: Mehr als die Hälfte der angebotenen Döner habe nichts als den Namen mit dem Döner Kebap gemein. Die beanstandeten Spieße enthielten einen zu hohen Anteil an Hackfleisch – zum Teil bis zu 100 Prozent. Zusätzlich wurden sie noch mit Paniermehl und wasserbindenden Diphosphaten gestreckt. Mit diesem Verfahren sollte verhindert werden, dass das Hackfleisch beim Schneiden unter den Fingern wegkrümelt. In Metzgerkreisen wird Phosphat aufgrund seiner Eigenschaften auch »Maria Hilf« genannt. Fünf Jahre zuvor ermittelte Josef Jöckel in einer ersten Testreihe lediglich einen Hackfleischanteil zwischen einem Drittel bis zur Hälfte. Damals hatte der Berliner Döner Kebap mit seinen Verwandten aus der Türkei mehr gemein als die äußere Form. Ende der Achtzigerjahre war er allerdings nicht mehr viel mehr als eine »Brühwurst am Spieß«, angereichert mit allerlei exotischen Beilagen. Innovative Dönerproduzenten, so fand Jöckel heraus, hatten die Hackfleischspieße mit Brot und kleingeriebenen Keksen »haltbar« gemacht. Aus dem Kebap war schließlich ein abenteuerlicher Ke-Papp geworden. Bei anderen Stichproben entdeckten die Prüfer

Spieße, bei denen das Kalbs- und Rindfleisch mit dem billigeren Schweinefleisch gemischt war. Auch in den Neunzigerjahren wurde noch ab und an neben minderwertigen Innereien Schweinefleisch verarbeitet: »In letzter Zeit müssen wir leider feststellen, dass immer häufiger Schweinefleisch verwandt wird. Wir hatten sogar Fälle, da bestand der Kebap zu hundert Prozent aus Schweinefleisch. Andere Spieße werden unzulässigerweise mit billigem und minderwertigem Putenfleisch gemischt«, beklagt die Veterinäroberrätin Trudel Eckart vom Landesuntersuchungsamt für das Gesundheitswesen Südbayern in Oberschleißheim im Herbst 1995.

## Die deutsche Hackfleisch-Verordnung

Pioniertage sind immer wilde Zeiten. Sie sind voller Anekdoten und abenteuerlicher Geschichten. Die Dönerpioniere, oft ungelernte Industriearbeiter, verfügten weder über eine formale Fleischerausbildung, noch wussten sie, was bei der Eröffnung und dem Betreiben eines Imbiss-Restaurants alles an Vorschriften zu beachten ist. Ausnahmslos alle Akteure der Dönerbranche betraten damals Neuland. Auch die deutschen Behörden und Veterinärämter waren auf den Döner Kebap nicht vorbereitet. Sie kannten das Produkt schlicht nicht. Es war ein mühsames Learning by Doing, ein Ausprobieren – was funktioniert und was nicht? Anders als die Hersteller von Nürnberger Bratwürsten, von Buletten, Leberkäse und Wurstwaren konnten die Dönerproduzenten in Deutschland auf keine Handwerkskammern, keine Metzgerinnung und auf keine Lobbygruppen in den Parlamenten zurückgreifen. Weder hatten sie einen althergebrachten treuen Kundenstamm geerbt, auf dem sie ihre Geschäftsaktivitäten aufbauen konnten, noch gab es festgeschriebene gesetzliche Vorgaben und über die Jahrhunderte entwickelte und etablierte Qualitätsstandards für das neue Fast-Food-Produkt. Es grenzt an ein schieres Wunder, wie schnell die Dönerbranche ihre Kinderkrankheiten überwunden hat, wie schnell sich die ehemaligen Band- und Hilfsarbeiter die notwendigen Qualifikationen angeeignet und Qualitätsstandards durchgesetzt haben. Blicken wir also nicht mit überheblicher Besserwisserei, sondern mit Neugier auf eine Branche im Werden, die Deutschland etwas Neues geschenkt hat – den Döner.

Doch zurück in die Achtzigerjahre. In Berlin ging der rapide Qualitätsverfall mit einem Boom der Verkaufsstände einher. Zehn Jahre lang wurde der Döner nach Eröffnung der ersten Verkaufsstellen ohne Beanstandungen in der Stadt verkauft. Die von Mitarbeitern der Lebensmittelüberwachung, der Gewerbepolizei und des Landesuntersuchungsinstituts für Lebensmittel, Arzneimittel und Tierseuchen bei Kontrollgängen gezogenen Planproben gaben keinen Grund zur Sorge. Der

Grund: Bis 1981 war der Yaprak-Döner handelsüblich, also die Dönervariante aus geschichteten Fleischscheiben und ohne nennenswerten Hackfleischanteil. Bis zu diesem Zeitpunkt waren drei Viertel der Kunden Migranten aus der Türkei, Kunden also, die wussten, was sie von einem Döner erwarten durften.

Zwischen 1982 und 1988 verdoppelte sich die Zahl der Dönerverkaufsstände von 200 auf 400; der Anteil der Deutschen unter den Kunden stieg Jahr für Jahr und betrug schon bald achtzig Prozent. Das war schlecht für die Qualitätsentwicklung. Je mehr sich der Konsumentenkreis über die engen Grenzen der türkischen Community und der studentischen Kunden hinausentwickelte, je mehr Alt-Berliner ihn neben der Currywurst zu ihrem Leibgericht machten, umso höher wurde der Hackfleischanteil. Musste der Döner sich in Berlin erst zur überdimensionierten Bulette verwandeln, bevor er seinen Siegeszug antreten konnte? Vieles deutet (leider) darauf hin. Ein mehrheitlich aus Hackfleischgemenge bestehender Döner lässt sich eben stärker würzen. Eine unerlässliche Maßnahme, sollten die auf Geschmacksverstärker konditionierten Berliner als Kunden gewonnen werden. »In den achtziger Jahren geriet der Döner Kebap ins Visier der Behörden. Als die Lebensmittelüberwacher feststellten, dass immer mehr Döner mit Hackfleischanteilen verkauft wurden, mussten wir aktiv werden,« erinnert sich Hans-Joachim Klare vom Landesuntersuchungsinstitut für Lebensmittel. Wichtige Fragen waren zu klären: Fällt der Döner unter die deutsche Hackfleisch-Verordnung von 1976? Wenn ja, wie lange darf dann der Spieß im Umlauf sein? Welche hygienischen Anforderungen an Produktionsstätte und Personal sind zu stellen? Nach der Untersuchung im Jahr von 1984 von Josef Jöckel gab es keinen Zweifel mehr: Der Berliner Döner ist ein Hackfleischprodukt und unterliegt damit der Hackfleisch-Verordnung.

Wichtigste Konsequenzen: Nach § 6 Abs. 3 der Hackfleisch-Verordnung ist es verboten, Hackfleisch, das zur Herstellung von Döner Kebap verwendet werden soll, aus Beinfleisch, Fleisch der Schnittstelle zwischen Kopf und Hals sowie der Stichstelle, Zwerchfellmuskulatur, Bauchmuskulatur (Bauchlappen), Knochenputz und mittels Separatoren von Knochen abgetrenntem Fleisch zu gewinnen. Döner Kebap darf als Hackfleischerzeugnis nur unter der Aufsicht einer in dem Betrieb hauptberuflich sachkundigen Person hergestellt, behandelt und in den Verkehr gebracht werden. Die mit der Herstellung, Behandlung und Inverkehrbringung von Döner Kebap beschäftigten Personen benötigen ein Gesundheitszeugnis. Ein unter Verwendung von Hackfleisch hergestellter frischer Döner Kebap darf nach § 5 Abs. 1 und 3 der Hackfleisch-Verordnung nur am Tag der Herstellung in den Verkehr gebracht werden.[55]

Und, darauf sollten Kunden achten, er darf nur im durchgebratenen Zustand an den Verbraucher abgegeben werden. Was bei der zwei bis drei Zentimeter dicken Bulette kein Problem ist, lässt sich bei den gewaltigen, bis zu hundert Kilogramm schweren Fleischkegeln mit einem Durchmesser bis zu fünfzig Zentimetern nur schwer realisieren. Hier ist immer nur die äußere Schicht durchgegrillt. Im Inneren des Dönerspießes entwickelt sich bei Temperaturen zwischen dreißig und vierzig Grad ein quirliges Eigenleben. Eitererreger, Kolibakterien und andere Keime fühlen sich bei diesen Temperaturen und der vorhandenen Feuchtigkeit pudelwohl und vermehren sich, sehr zum Leidwesen der Veterinärämter. Josef Jöckel, Mitarbeiter des Landesuntersuchungsinstituts für Lebensmittel, Arzneimittel und Tierseuchen Berlin: »Bekanntlich besteht die Gefahr einer Lebensmittelvergiftung nur dann, wenn die Erreger in großen Mengen mit dem Lebensmittel aufgenommen werden. Und genau diese Voraussetzung könnte dann vorliegen, wenn, wie häufig bei unseren Untersuchungen festgestellt, die verzehrfertigen Abschnitte wegen einer zu großen Schichtdicke nicht durchgegart waren.«[56]

Also, Augen auf beim Dönerkauf! Ist der Dönerverkäufer um des schnellen Umsatzes willen nicht bereit zu warten, bis die äußerste Schicht schön durchgegart ist und die Bakterien damit abgetötet sind, dann lassen Sie es Ihrer Gesundheit zuliebe sein. Ebenso, wenn der Kebapcı nicht in der Lage ist, schöne, dünne Scheiben abzusäbeln. Diese sind nicht nur gesünder, sondern ohnehin schmackhafter als die an manchen Buden zugemuteten schier zentimeterdicken Fleischfetzen. Ohnehin sollte man seinen Döner nur an Imbissständen kaufen, wo das Geschäft läuft und der Spieß daher nur wenige Stunden vor dem Grill vor sich hinschwitzt. Hier haben die Bakterien und Keime weniger Entfaltungsspielräume als an den Buden, in denen der Döner ewige Stunden seinem traurigen Ende entgegengammelt.

## Buletten am Spieß

Berlins Dönerproduzenten zogen nach 1984 eine bemerkenswerte Konsequenz aus der für ihr Produkt gültigen Hackfleisch-Verordnung. Sie produzierten nun allen Ernstes Buletten am Spieß. Ein Gesetzesverstoß war das nicht. Und den Berlinern, die sich weg von der Currywurst hin zum Döner Kebap orientierten, schmeckte es ja offensichtlich. Allerdings entfernte sich der Mitte der Achtzigerjahre angebotene Pressdöner aus Gehacktem, Paniermehl, Sojazusätzen, Stärke und Fleischbrät so weit von seinem türkischen Original, dass sich die Gerichte genötigt sahen, einzuschreiten.

Zitieren wir noch einmal Hans-Jochen Klare: »Wir wurden 1984 beauftragt, zu prüfen, ob es eine Möglichkeit gibt, eine türkische Spezialität zu kreieren und eine Bezeichnung zu finden, die klarstellt, dass es sich dabei möglicherweise um ein dem Döner Kebap äußerlich ähnlichem, aber eben doch von ihm verschiedenen Produkt handelt.« Heraus kam nach einem Verwaltungsgerichtsurteil der Dönerschisch (Döner şiş = Drehspieß). Ein Fantasiename, denn kein Produkt in der Türkei trägt diesen Namen. Dönerschisch klingt nicht nur wie *shit*, er war Mist. Neben allerlei zerkleinertem Fleisch durfte er Zutaten wie Stärke, Paniermehl, Geschmacksverstärker und anderes enthalten. Ganz legal. Bedingung: Am Verkaufsstand musste ausdrücklich darauf hingewiesen werden, dass es sich nicht um einen Döner Kebap, sondern einen Dönerschisch handelt. »Diese Unterscheidung mag für die kebaperfahrenen türkischen Kunden okay gewesen sein. Aber dem Berliner Verbraucher war der Unterschied nicht bewusst. Für ihn war Döner gleich Döner«, fasst Klare die Erfahrungen aus der kurzen Geschichte des Dönerschisch zusammen.

Vor allem ein in Holland vollautomatisch hergestellter Pressdöner eroberte den Berliner Markt. Ab 1987 protestierten die redlichen Dönerhersteller und forderten lautstark Protektion: »Wir können unseren Döner Kebap nicht mehr absetzen. Alle Imbissbuden ordern nur noch den Dönerschisch.« Der Grund: Das Kilo gepanschten Dönerschischs kostete nur rund sechs Mark, der hochwertigere Döner Kebap allerdings zwischen zehn und zwölf Mark. Höchste Zeit für ein Döner-Reinheitsgebot.

## Die Berliner Verkehrsauffassung

Am 13. Februar 1989 schließlich trat eine ehrenwerte Gesellschaft zur Rettung des Döner Kebaps auf den Plan. Vor den Augen der Öffentlichkeit sollte die Frage »Wie bereitet man einen Döner Kebap zu?« geklärt werden. Eingeladen hatte der »Verein türkischer Kaufleute«, der den Dönerschisch rigoros ablehnte und stattdessen ein gleichbleibend gutes Produkt forderte. Erfahrene türkische Köche demonstrierten unter dem Blitzlichtgewitter der Fotografen die richtige Zubereitung für die deutschen Freunde des Döner Kebaps. Veli Mete, Vorsitzender des Vereins, verwies einleitend darauf, dass zwischen 5000 und 6000 Berliner Türken von diesem Industriezweig lebten. »Im Interesse der türkischen Kaufleute, die unter anständigem Namen Waren in anständiger Qualität anbieten wollen und sich nach den Kriterien jederzeit von den Lebensmittelprüfern testen lassen wollen, gilt es Qualitätskriterien zu entwickeln, woraus ein Döner für Berlin bestehen soll«, so der Chef der Lebensmittelüberwachung bei der Gesundheitsverwaltung Ripke in seinen einleitenden Worten.

An diesem Tag ging es um nicht weniger, als die essensmäßig verrohten Berliner ganz altväterlich vor den Folgen ihres Geschmacksverlustes zu schützen und Mindeststandards für einen Fast-Food-Artikel festzulegen. Die für die Zukunft des Döner Kebaps so wichtige Präsentation dokumentierte *Der Tagesspiegel* am 14. Februar 1989: »Drei Spieße waren auf dem langen Tisch in der Küche aufgebaut, an denen die Köche drei verschiedene Arten der Dönerherstellung präsentierten. Fleischscheiben aus Kalbsbrust, eingestrichen mit einer Gewürzmischung schichtete Alişan Kumaş übereinander. Das verwendete Fleisch muss frei von Nervensträngen sein, der Fettanteil variierte bei den Scheiben. Die genaue Zusammensetzung der Gewürzmischung sei Geschäftsgeheimnis, heißt es in einer Döner-Anleitung der Firma Ak Sel, die Besitzer von Imbissbuden mit fertigen Spießen beliefert.

Nebenan schichtet ein anderer Koch abwechselnd Kalbfleischscheiben und Kalbshack auf den Spieß. Dieses Gehackte, in dem ausschließlich Fleisch aus Kalbsbrüsten enthalten sein darf, außerdem Eier, Gewürze, Zwiebel, Pfeffer und Salz, ist fetthaltiger als die nicht gehackten Fleischscheiben. Das Aufspießen, berichtet ein Vertreter der Firma Ak Sel, wird in der Türkei als große Kunst betrachtet. Mit geschickter Hand schlitzen sie Löcher in die Scheiben und schichten das Ganze so, dass es nach oben breiter wird. Was dabei herauskommt, sind delikate, gut gewürzte hellbraune Fleischstreifen, die anschließend zum Probieren vom Spieß geschnitten werden. Mindestens 45 bis 60 Minuten muss sich nach Auskunft Alişan Kumaş' der Spieß gedreht haben, bevor das Fleisch so gut durchgebraten ist, dass es abgeschnitten werden kann.«

Am 1. Juni 1989 schließlich trat die »Festschreibung der Berliner Verkehrsauffassung für das Fleischerzeugnis Döner Kebap« in Kraft. Erarbeitet wurde sie vom Verein der türkischen Kaufleute, der Fleischerinnung Berlin, der Industrie- und Handelskammer Berlin, der Verbraucherzentrale Berlin e. V., Sachverständigen des Landesuntersuchungsinstituts für Lebensmittel, Arzneimittel und Tierseuchen Berlin (LAT) und der zuständigen Fachabteilung der Senatsverwaltung für Gesundheit und Soziales.

**Festschreibung der Berliner Verkehrsauffassung für das Fleischerzeugnis »Döner Kebap«:**

1. Bei der Herstellung von Döner Kebap wird nur Fleisch vom Kalb, Rind oder Schaf verwendet; Mischungen von Fleisch der drei vorgenannten Arten untereinander sind zulässig.
2. Das Fleisch der Nr. 1 hat den Anforderungen des § 6 Abs. 1 Hackfleisch-Verordnung (Grob entsehnt, grob entfettet und max. 20 Prozent Fett) zu entsprechen.

   Für den Hackfleischanteil sind nur die beim Zuschnitt der Scheiben des Fleisches nach Nr. 1 anfallenden Abschnitte zu verwenden.
3. Das Hackfleisch ist nur zu wolfen und zu mengen; es wird nicht gekuttert. Brühwurstbrät wird nicht verwendet.
4. Der Anteil von Hackfleisch beträgt höchstes 60 Prozent.
5. Als weitere Zutaten werden verwendet: Salz, Gewürze, Eier, Zwiebel, Öl, Milch, Joghurt. Nicht verwendet werden dürfen:
   a) Kutterhilfsmittel (Phosphate, Citrate etc.)
   b) Stärke oder stärkehaltige Bindemittel
6. Aus technologischen Gründen darf höchstens fünf Prozent Eis oder Milch verwendet werden.

Die »Berliner Verkehrsauffassung« ist eine Einigung auf den allerkleinsten gemeinsamen Nenner. Am 30. Oktober 1991 wurde sie bundesweit übernommen. Der Ruf des Döner Kebaps schien gerettet. Mit der »Berliner Verkehrsauffassung« gab es endlich festgeschriebene Qualitätskriterien und eine, wenn auch bescheidene, Handhabe gegen die Entwicklung des Döner Kebaps zur Nullnummer. Allerdings ist ein Verstoß gegen die »Verkehrsauffassung« kein Straftatbestand, sondern eine Ordnungswidrigkeit.

Seit über dreißig Jahren gibt es seitens der Dönerindustrie Widerstand gegen eine zu enge Auslegung der Berliner Verkehrsauffassung. Beispielhaft soll hier der Aufstand von Frankfurter Dönerladenbesitzern aus dem Jahr 2011 erwähnt werden. Timur Tinç berichtet: »Die große Speisetafel im Okyay Imbiss in der Mainzer Landstraße war einige Tage im Februar übersät mit grauem Klebeband. Verdeckt wurde das wichtigste Wort für das Geschäft von Eyyüp Okyay: Döner. Weil Okyays Döner zu 100 Prozent aus Rinderhackfleisch bestand, sollte er ihn auf Anweisung des Ordnungsamtes in Zukunft als ›Hackfleischspieß‹ bezeichnen. Tut er dies nicht, hätte ihm eine Strafe wegen Ordnungswidrigkeit gedroht.«[57] Das Ordnungsamt bezog sich dabei einmal mehr auf die Berliner Verkehrsauffassung. »Ich habe dafür überhaupt kein Verständnis«, klagte Okyay und bekam prominente Unterstützung: Muzaffer Tütünçübaşı von der Dönerfabrik Karmez, einer der größten Europas, die in Seckbach ihren Sitz hat, führt gegenüber der *Frankfurter Rundschau* gewichtige Argumente gegen die Berliner Verkehrsauffassung an: »›So eine Verordnung hätte ich aus der Türkei erwartet, aber nicht aus Deutschland‹. Leute vom Fach hätten damals bei der Entstehung dieser ›Verkehrsauffassung‹ gefehlt, moniert Tütüncübaşı.« In der Richtlinie stehe beispielsweise, ein Döner dürfe nur aus Schafs-, Rind- oder Kalbfleisch bestehen. Was aber, wenn die Menschen plötzlich Döner aus Putenfleisch bevorzugen? »Schafsfleisch ist hier in Deutschland überhaupt nicht gängig«, erklärt Tütüncübaşı. Tatsächlich habe ich in meiner bald fünfzigjährigen Laufbahn als Dönerkonsument in Deutschland niemals einen Döner aus Lammfleisch entdeckt. Auffallend, dass es in der Regelung nur darum geht, welches Fleisch drin sein sollte. Hygienische Bestimmungen darüber, wie der Dönerspieß hergestellt wird, fehlen hingegen völlig. »Das hat nicht Hand und Fuß«, findet Tütüncübaşı, der den Grundgedanken einer Verordnung jedoch ganz klar befürwortet, da es zu viele Schmuddelläden gebe. Damit eine sinnvolle Verordnung zustande kommt, müssten sich alle großen Dönerhersteller Deutschlands, das Veterinäramt, die Deutsche Lebensmittelgesellschaft und die Politik an einen Tisch setzen, um ein gemeinsames Gütesiegel für den Döner Kebap zu erstellen.

Es spricht viel für die Argumentation Muzaffer Tütüncübaşıs, aber die Landesämter für Verbraucherschutz und Lebensmittelsicherheit sehen das anders. Döner Kebap darf sich nach wie vor nur nennen, was der Berliner Verkehrsauffassung entspricht. Besteht der Döner aus Hähnchenfleisch, dann heißt er Chicken-Döner oder Hähnchen-Döner-Kebap. Und ein Döner, der nur aus Hackfleisch besteht, was übrigens keine schlechtere Qualität bedeuten muss, darf eben nicht Döner Kebap, sondern muss eigentlich Hackfleischspieß heißen. Soweit die Theorie.

So sehr die Dönerbranche in den zurückliegenden Jahren ihre Qualitäts- und Hygienestandards verbessert hat, gegen den Megatrend der Zeit ist sie machtlos. Den Deutschen vergeht mehr und mehr der Appetit auf Fleisch. Heute sind bereits zehn Prozent von ihnen Vegetarier, vor zwanzig Jahren waren es noch nicht einmal zwei Prozent. Nach Angaben der Bundesanstalt für Landwirtschaft und Ernährung reduzierte sich der jährliche Pro-Kopf-Fleischkonsum in Deutschland zwischen 1996 und 2021 von 68 auf rund 57 Kilogramm. Vor allem verabschieden sich die Deutschen vom Schweinefleisch.

## Die Erfindung der »Döner-Mafia«

Härter noch als der BSE-Skandal, der Rinderwahn Mitte der Neunzigerjahre, der ein europäischer Skandal der

Tierhaltung war und nur mittelbar mit dem Döner zu tun hatte, traf die Dönerindustrie in den Jahren 2005 bis 2007 der sogenannte Gammelfleischskandal ins Mark. Dieser war ein Skandal der deutschen, vor allem der bayerischen fleischverarbeitenden Industrie und der Gastronomie. Von der Presse und der Polizei wurde er allerdings sehr schnell als Döner-Skandal gelabelt.

Der Skandal begann im Oktober 2005. Ein bayerischer Fleischhändler in Deggendorf flog auf, weil er tonnenweise Schlachtabfälle umdeklarierte und an Lebensmittelproduzenten verkaufte. Einen Monat später, im November 2005, schlugen Lebensmittelkontrolleure in Gelsenkirchen Alarm. Bei dem Fleischhändler Uwe D. wurden bei Razzien in mehreren Bundesländern 131 Tonnen überlagertes Rind- und Putenfleisch gefunden. Auch Uwe D. hatte Schlachtabfälle umdeklariert und an Wurstfabriken verkauft. Im Verhör gesteht D., diese Ware nach Dänemark, Frankreich, Spanien, Tschechien und in die Niederlande geliefert zu haben. Deutschland löst daraufhin EU-weiten Fleischalarm aus. Uwe G. wurde wegen gewerbsmäßigen Betrugs und Verstoßes gegen das Lebensmittelrecht zu dreieinhalb Jahren Haft verurteilt. Anfang September 2006 wurden Kühlhäuser der deutschen Firma Tiefkost Georg B. im gesamten Bundesgebiet durchsucht, dabei wurde zum Teil mehrere Jahre altes Rind-, Schweine- oder Wildfleisch beschlagnahmt, das unter anderem den Gästen in bayerischen Traditionslokalen in der Münchener

Innenstadt vorgesetzt wurde. Die Polizei findet in den Kühlhallen der Firma des 74-jährigen Fleischhändlers auch mehrere Tonnen verdorbene Dönerspieße, 40 Tonnen gammeliges Entenfleisch, Hunderte Kilogramm ungenießbares Wild- und Geflügelfleisch sowie über 40 Tonnen verdorbenes Gemüse. Der Fleischhändler hat insgesamt 2500 Kunden beliefert, davon 50 im Ausland. Georg B. hat sich der Strafverfolgung am 5. September 2006 durch Suizid entzogen. Und 2011 wurde der 60-jährige deutsche Fleischhändler Wolfgang L. zu einer Freiheitsstrafe von zwei Jahren verurteilt. Der Wertinger Fleischfabrikant hatte in 22 Fällen nicht zum Verzehr geeignetes Fleisch mit neuen Etiketten versehen. Unter anderem hatte Wolfgang L. das Fleisch an Berliner Dönerimbisse verkauft. Aufgeflogen war der Fleischskandal durch den Lkw-Fahrer Miroslaw S.: »Der hatte Schlachtabfälle, sogenanntes K-3-Material, in Geratshofen angeliefert und war stutzig geworden, als er sah, dass es sich um eine Fleisch- und Wurstfabrik handelt. ›Da kam ich zu dem Entschluss, das zu melden, denn ich sehe nicht ein, dass irgendwelche dubiosen Geschäftemacher auf Kosten der Gesundheit anderer sich da die Taschen vollstopfen.‹«[58]

Fast wöchentlich meldeten Polizei und Staatsanwaltschaften damals die Beschlagnahme von überlagertem Fleisch. Selten war in der Medienberichterstattung von organisierter Kriminalität deutscher Fleischhändler die Rede, wie es richtig gewesen wäre. Stattdessen lauteten die Schlagzeilen: »Vergammelte Dönerspieße entdeckt«, »Döner-Mafia im Visier der Polizei«, »Von Ekelfleisch und Döner-Mafia«. Illustriert wurden die Berichte häufig mit überdimensionierten rohen Dönerspießen, die auf einer halben Zeitungsseite vergrößert immer etwas Abstoßendes haben.

Den Begriff »Döner-Mafia« im Zusammenhang des organisierten Handels mit überlagertem Fleisch setzte übrigens die Polizei 2006 in Umlauf. Er wurde von der Presse bundesweit unreflektiert übernommen. Zur Begründung gab die Polizei damals an: Da die Dönerspieße aus überlagertem Fleisch aus dem Unternehmen Georg B. und von anderen deutschen Fleischgroßhändlern an verschiedene Betreiber von Döner-Imbissen geliefert wurden, waren sie damit keine Einzeltäter mehr, sondern Teil der organisierten Kriminalität.[59] Wohlgemerkt: Dönerproduzenten und Betreiber von Dönerimbissen, die nicht wussten, dass die Fleischhändler das Fleisch umetikettiert hatten, wurden von der Polizei einfach der organisierten Kriminalität zugerechnet. Warum dann nicht auch von »Bayern-Mafia«, der »Münchener Mafia« oder »Dirndlmafia« die Rede war, lässt sich nur mit institutionellem Rassismus in den Polizeibehörden erklären.

Teile der Presse griffen im Verlauf der Berichterstattung auf rassistische, ja auf jahrhundertalte antisemitische Stereotype von den fremden Anderen und Andersgläubigen zurück, die aus Profitgier uns und unsere Kinder vergiften. Auf dem Höhepunkt des Skandals veröffentlichte die *Bild*-Zeitung am 19. September 2006 diese makabre Geschichte: »Wer hat mein Baby vergiftet?« lautet die Schlagzeile in großen Lettern. Und die Unterzeile fragt: »Hier trauert eine junge Mutter um ihren Sohn. Wurde Jannis ein Opfer von Gammelfleisch? Der Text des Artikels wird von drei Fotos gerahmt: Links sieht man die verzweifelte Mutter vor einem mit Blumen übersäten Grab knien. Unten rechts ein Foto des tot geborenen Babys und darüber die Abbildung eines Dönerspießes. Der Artikel beginnt mit der durch Unterstreichung hervorgehobenen Passage: »Jannis ist jetzt ein Engel im Himmel. Da hat er ein Fenster, aus dem kann er uns sehen.« Und dann der Text: »Der Kleine liegt friedlich, wie im tiefen Schlaf. Doch Jannis hat diese Welt, die sein Zuhause sein sollte, nie gesehen. Er lebte nur drei Monate, starb im Mutterleib. Diagnose: Listeriose – Lebensmittelvergiftung. Der böse Verdacht der Mutter: Mein Baby starb an verdorbenem Döner-Fleisch. [...] Im Krankenhaus Greifswald holen sie das Baby mit Not-Kaiserschnitt. Er ist tot. [...] Seine Mutter: ›Die Obduktion ergab: Er starb an einer Lebensmittelvergiftung, Listeriose.‹ Beim gesunden Menschen oft unbemerkt, ab der fünften Woche kann sie von der Mutter auf den schutzlosen Fötus übertragen werden. Katja hatte sich immer gesund ernährt – bis auf diese Schwangerschaftsgier, diese beiden Döner. Dr. Hans-Georg Fritz (62),

Vorsitzender der Internisten in Berlin: ›Das Risiko ist für Schwangere 12-mal höher. Listeriose wird vor allem durch altes Fleisch, Rohmilchprodukte hervorgerufen. Ansteckung durch Döner ist theoretisch möglich.‹ Letzte Gewissheit gibt es nicht.«

Remzi Kaplan, der Berliner Dönerproduzent, schmeißt den Artikel wütend auf den Tisch, als ich ihn im Herbst 2018 in seiner Firma im Wedding besuche: »Bezüglich der Dönerindustrie sind Vertreter der deutschen Presse Verbrecher. Sie haben einen Fleischskandal in Deutschland einfach uns Türken in die Schuhe geschoben.« Mit Tränen der Wut in den Augen ringt Kaplan um innere Haltung. Die Unterstellung, türkische Dönerproduzenten würden deutsche Babys umbringen, kränkt und empört ihn auch noch dreizehn Jahre nach Veröffentlichung des Artikels. Die Umdeutung des Gammelfleischskandals in einen Dönerskandal – und damit zu einer Sache der Türken – hat nicht nur Remzi Kaplan in seinen Grundfesten erschüttert, sondern die ganz Branche.

Tatsächlich war der Gammelfleischskandal, wie wir aufgezeigt haben, kein türkischer, sondern ein deutscher Fleischskandal, in dessen Folge nicht deutsch-türkische, sondern (bio)deutsche Unternehmer zu mehrjährigen Haftstrafen verurteilt wurden. Das änderte aber nichts daran, dass der Döner-Verkauf in der Folge deutschlandweit dramatisch zurückging. Allein im September 2006 innerhalb weniger Tage um mehr als zehn Prozent, so die Auskunft des Vereins der türkischen Dönerhersteller in Europa. Als die Döner-Branche sich mit Unterstützung der türkischsprachigen Presse gegen die diskriminierende Berichterstattung in den deutschsprachigen Medien wehrte, reagierte *Der Spiegel* am 14. September 2006 mit einem überheblichen und auch etwas höhnischen Artikel – »Gammelfleisch: Türken wittern Döner-Verschwörung«. Anstatt die voreingenommene Berichterstattung der deutschen Medien zu analysieren, wird nun jeder Satz der türkischen Presse süffisant auf die Goldwaage gelegt und ein weiteres in Deutschland verbreitetes rassistisches Stereotyp bedient: Das des kritikunfähigen, beleidigten, nationalistischen Türken, der ein »Opfernarrativ« pflege und unfähig zur Selbstkritik sei. Gürsel Ülber, Vorsitzender des Europäischen Dönerverbands, hat eine plausible Erklärung für die tendenziöse Berichterstattung: »Ich bin mir sicher, die Berichterstattung über den Fleischskandal hätte anders ausgesehen, wäre die Dönerindustrie damals Anzeigenkunde der deutschen Presse gewesen.«

Von der »Döner-Mafia« ist es nicht weit zu den »Döner-Morden«. Mit diesem Begriff wurde von der Polizei und der Presse in den Jahren 2006 bis 2011 die Mordserie der rechtsextremen Terrorzelle Nationalsozialistischer Untergrund (NSU) an türkischen Gewerbetreibenden bezeichnet.[60] Und dies, obgleich nur zwei der neun Ermordeten in einem Döner-Laden arbeiteten. Bis zur Selbstenttarnung des NSU am 4. November 2011 vertrat die Polizei die These eines Serienkillers im Rauschgiftmilieu, rechnete die türkischen Opfer zu Angehörigen einer angeblichen Drogenmafia und machte sie so zu Tätern.

Der NSU-Komplex ist bis heute nicht wirklich aufgeklärt, aber die bisherigen Erkenntnisse offenbaren, wie tief der institutionelle Rassismus in den Polizeibehörden verwurzelt ist, wie eng die Nachrichtendienste, aber auch Polizeieinheiten mit der Neonaziszene verwoben sind. All das machte objektive und ergebnisoffene Ermittlungen der Behörden unmöglich. Von Beginn an nahmen die ermittelnden Behörden eine Täter-Opfer-Umkehr vor. Als unmittelbare Folge wurden die Angehörigen der türkischen Opferfamilien von den Ermittlern über viele Jahre drangsaliert, verdächtigt, gedemütigt und traumatisiert, während das Milieu, aus dem die Täter stammten und von dem sie unterstützt wurden, unbehelligt blieb.

»Döner-Morde« – dieser ebenfalls von der Polizei 2006 in die Welt gesetzte rassistische Begriff konnte seine Wirkung in der Gesellschaft nur deshalb so nachhaltig entfalten, weil die Medien diesen bereitwillig aufgriffen und popularisierten. Er passte einfach zu gut in den rassistischen und muslimfeindlichen Zeitgeist der Nullerjahre. Zur Erinnerung: Nach der Ermordung des niederländischen Filmemachers Theo van Gogh durch einen Islamisten am 2. November 2004 folgte der abscheulichen Tat auch in Deutschland eine Reaktion, die bald hysterische Züge annahm. Die Debatte glich einem Dammbruch. Die Tat spülte in der zweiten Hälfte der Nullerjahre lang angestaute, zurückgehaltene und verdrängte Ressentiments gegenüber religiösen und ethnischen Minderheiten sintflutartig durch die Medienlandschaft. Stellvertretend für ein ganzes Milieu formulierte Matthias Döpfner, Milliardär, mächtigster Medienvertreter Deutschlands und Vorstandsvorsitzender des Axel-Springer-Konzerns, wenige Tage nach der Ermordung van Goghs: »Was muss noch passieren, bis die europäische Öffentlichkeit realisiert: Es herrscht eine Art Kreuzzug, eine perfide auf Zivilisten konzentrierte, gegen unsere freien, offenen Gesellschaften gerichtete Systemattacke fanatisierter Muslime.« Über Nacht bestimmten, anders als nach dem 11. September, neue Schlagzeilen die Agenda. In nahezu allen Qualitätszeitungen und Magazinen von *Stern*, *Zeit* über *Spiegel* und *Focus* wurden emotional aufgeputschte Titelgeschichten veröffentlicht, die Titel trugen wie »Mekka Deutschland«, »Der Terror ist da« oder die »Multikulti-Lüge«, die eine Unterwanderung Deutschlands suggerierten. Es war der Auftakt einer Dekade, in der wüste, niveaulose, erregte und hetzerische Debatten über bedrohliche Muslime im Allgemeinen und integrationsunfähige Türken im Besonderen im Wochentakt in den großen Talkshow-Formaten geführt wurden. Dieses muslimfeindliche und rassistische mediale Grundrauschen zeigte Wirkung: die tendenziöse mediale Dauerberieselung rückte die Gesellschaft nach rechts und 2010 vertraten bereits 57 Prozent der Deutschen in der repräsentativen Studie »Religion und Politik« der Universität Münster die Ansicht, dass man die Religionsfreiheit der Muslime erheblich einschränken müsse. Im Osten waren es sogar 75 Prozent. Nun gab es den von Springer-Chef Döpfner 2004 ausgerufenen Kreuzzug tatsächlich – er mündete in Deutschland in Thilo Sarrazins *Deutschland schafft sich ab* (2010) sowie in der Gründung von AfD (2013) und Pegida (2014) und wurde damit institutionell und kulturell etabliert.

Vor dieser Folie also spekulierten viele Medien vor der Selbstenttarnung des NSU über mögliche Verbindungen zwischen den Opfern und dem angeblichen »Serienkiller« aus dem Rauschgiftmilieu. »Der Türke ist zu jeder Schandtat in der Lage« – dieses rassistische »Wissen« schien nach den antitürkischen Diskursen in den Achtziger- und Neunzigerjahren des 20. Jahrhunderts und dem antimuslimischen Rassismus der Nuller- und Zehnerjahre, die ebenfalls vor allem Menschen aus der Türkei in den Fokus rückten, Konsens in weiten Teilen des Landes zu sein.

»Döner-Mord« und »Döner-Mafia« – die beiden Begriffe fanden 2006 innerhalb weniger Monate Eingang in den deutschen Sprachgebrauch. Den gesellschaftlichen Kontext, in dem die beiden Begriffe von Journalisten und Polizeibeamten benutzt und popularisiert wurden, haben wir skizziert. Wie aber kamen die Angehörigen der Mehrheitsgesellschaft ausgerechnet im Jahr 2006 auf diese beiden Wortschöpfungen?

Am 17. Mai 2004 kam auch das Videospiel *Dönermafia* auf den Markt. Die Dramaturgie des Spiels ist simpel. In der Spieleanleitung auf spieletipps.de steht: »In ›Dönermafia‹ habt ihr kein geringeres Ziel, als sämtliche Restaurants eurer Stadt zu übernehmen. Und wie der Titel schon vermuten lässt, versucht ihr dies nicht unbedingt auf dem legalen Weg, im Gegenteil: Durch verbotenen Warenhandel, illegale Mitarbeiter, Sportwetten und freundliche ›Besuche‹ bei anderen Restaurantbesitzern steigert ihr sowohl euren Einfluss als auch euer Vermögen. Allerdings müsst ihr dabei stets darauf aufpassen, dass eure Aktionen nicht zu viel Aufsehen erregen, denn ansonsten stehen schnell mal Polizei und Ordnungsamt vor eurer Tür und durchkreuzen euren ehrgeizigen Plan, Chef der mächtigen Döner-Mafia zu werden.« Kann es sein, dass die deutsche Mehrheitsgesellschaft aufgrund ihrer rassistischen Vor- und Tiefenprägungen nicht mehr zwischen Fiktion und Realität unterscheiden kann?

# 6. DIE DÖNER-PRODUZENTEN

Beschauliche Zeiten waren es, als der Meisterkoch Hamdi aus Kastamonu Mitte des 19. Jahrhunderts mittags vor seinem Holzkohlegrill stand und seinen Döner Kebap Portion um Portion verkaufte. Die Gäste saßen an den Tischen zusammen, um während eines ausgedehnten Mittagessens Geschäfte und die neuesten Gerüchte zu besprechen.

In einer Welt der Arbeitsteilung des schneller, höher und bunter ist der Döner Kebap zum Leibgericht für Menschen auf der Überholspur des Lebens geworden. Bei der Produktion des Döners ist nicht mehr Kammermusik, es sind wuchtige Melodien gefragt. Diese werden heute in Polen gespielt. 350 Kilometer östlich von Berlin in dem kleinen Städtchen Zduny in der Wojewodschaft Großpolen. Vor den Toren der Stadt, umgeben von Rapsfeldern, stehen die riesigen Produktionsanlagen der Firma »Dünya Döner Kebab«[61]. Der Name der Firma ist ein Wortspiel und ihr Programm. Es kann »Die Welt dreht sich um den Döner« bedeuten oder »Die sich drehende Welt und der Döner Kebap«. Bei Dünya Döner Kebab erinnert nichts mehr an das handgestrickte Gastarbeiter-Produkt der Vergangenheit. Hier ist alles ultramodern und auf Sauberkeit, Transparenz und Effizienz ausgelegt – die Empfangshalle, das Gästehaus, die Betriebskantine, die Produktionsanlagen, die Betriebsmoschee, der Fuhrpark und die Firmenphilosophie.

Die 23 000 Quadratmeter großen, hellen und lichten Produktionsanlagen und Büros mit Orange als Grundton in der Innenausstattung erinnern eher an einen Campus im Silicon Valley, denn an einen fleischverarbeitenden Betrieb. Die Firma mit der Weltkugel im orangefarbenen Logo ist die derzeit wohl größte Dönerfabrik weltweit. Sie setzt neue Standards. Viele der ehemals sehr zeitintensiven und körperlich anstrengenden Arbeitsschritte der Dönerproduktion werden maschinell unterstützt oder komplett von Maschinen übernommen. Diese Fortschritte haben die Dönerproduktion revolutioniert und von schierer Muskelkraft emanzipiert. Jahrzehntelang war der Aufbau des Dönerspießes Männerarbeit, ein Knochenjob, den vor allem türkische Männer erledigten. Deutschen war diese Arbeit entweder körperlich zu anstrengend, oder sie wollten nicht unter einem türkischen Chef arbeiten. Hier in Polen arbeiten über 500 polnische Frauen und Männer mit türkischen Arbeitern und Vorgesetzten Seite an Seite – in weißen Overalls, mit Haarnetzen, orangefarbenen Baseballmützen und blauen Handschuhen geschützt. Gemeinsam produzieren sie laut Firmenangaben 275 Tonnen Fleischprodukte, davon sind 70 Tonnen Döner Kebap. Die größten Dönerbetriebe in Deutschland kommen auf maximal 50 Tonnen am Tag.

Einen Fleischskandal sollte sich eine Firma wie Dünya Döner Kebab nicht mehr leisten. Deshalb unterliegt die Produktion einer ständigen Qualitätskontrolle von IFS Food, einer Einrichtung des TÜV Süd, der die Einhaltung der Lebensmittelvorschriften überwacht; von Bureau Veritas, der weltweit führenden Inspektions-, Klassifizierungs- und Zertifizierungsgesellschaft mit Sitz in Paris und der BRC Global Food Safety, einem weltweit gültigen Standard für Lebensmittelsicherheit. Zwei Zertifikate sollen darüber hinaus sicherstellen, dass die Fleischprodukte hier halal, also nach islamischen Regeln hergestellt werden.

Die Liste der Produkte, die hier von den Bändern laufen, ist lang: Adana Kebap, Köfte, Hamburger, Merguez, türkische Salami, Fish Filet, Sucuk, Chicken Shashlik, Dünya Cordon Blue, Chicken Wings und anderes mehr. Überwältigend ist die Produktionsstraße, in der die tiefgekühlten »Sliced Roasted Beef Kebap« für den Vertrieb in Supermärkte und Restaurants, die Döner auf ihrer Speisekarte führen, aber keinen Spieß in der Küche haben, vorbereitet werden. In einer Halle stehen zwanzig überdimensionierte Dönergrills, an denen sich jeweils gigantische, bis zu 450 Kilogramm schwere Dönerspieße drehen. Schneideroboter schnetzeln so neun Tonnen durchgegartes Fleisch binnen sechs Stunden in Scheiben, die auf ein Fließband fallen, zur

Packstation weitertransportiert und in Plastikschalen verpackt werden. In zehn Sprachen wird das Produkt »Geschnittener gebackener Kebab« beschrieben: auf Deutsch, Französisch, Englisch, Polnisch, Slowenisch, Schwedisch, Dänisch, Italienisch, Tschechisch und Norwegisch. Damit ist beschrieben, welche Märkte Dünya Döner Kebab beliefert.

Nebenan in riesigen Produktionshallen geht es etwas arbeitsintensiver zu. Trotz aller technologischer Fortschritte ist der Aufbau des Dönerkegels noch weitgehend Handarbeit. An langen Tischen schichten weit über einhundert Arbeiterinnen und Arbeiter Fleischlappen und maschinell portionierte Hackfleischfladen zu Dönerspießen auf, um sie schließlich zu einem Dönerkegel zuzuschneiden und zu verpacken, bevor sie für den Transport tiefgefroren werden. Dafür stehen fünfachsige orangefarbene Lkws bereit. Auf jedem ist die Unterschrift des Firmengründers, Ömer Akyüz, groß und weit sichtbar aufgesprüht.

Obwohl er der wohl erfolgreichste Dönerunternehmer in Europa ist, ist über Ömer Akyüz in Deutschland nur wenig bekannt. Die Verabredung zu einem Telefoninterview kam im Sommer und Herbst 2021 leider nicht zustande, und so bin ich auf Sekundärquellen angewiesen. Akyüz kam, so berichtet es der Journalist Irfan Söyler auf turkdöner.com, 1984 als Jugendlicher im Rahmen der Familienzusammenführung nach Berlin. Bereits 72 Tage später zog er zu einem Onkel nach

Braunschweig. Dort belieferten sie in den Neunzigerjahren Flüchtlingswohnheime mit Essen, bevor sie ihr Dönerimperium aufbauten. 2013, so erzählt Akyüz, hätten sie bereits neben zwei Produktionsstätten für Döner Kebap auch 128 Dönerrestaurants betrieben. Damals hieß die Firma »Euro Döner« und hatte ihre Produktionsstätte in der Clara-Zetkin-Straße in Eisenach. Die Fabrik ist inzwischen geschlossen und auf dem Gelände sollen barrierefreie Wohnungen für die alternde Stadt errichtet werden, berichtet die *Thüringer Allgemeine* am 15. November 2018.

Im Netz finden sich keine weiteren deutschsprachigen Artikel über Ömer Akyüz, nur ein paar türkischsprachige, in denen er erwähnt wird. Meist im Zusammenhang mit seiner Teilnahme am World Döner Summit. Auf diesem Gipfeltreffen kommt die Elite der Dönerindustrie einmal jährlich zusammen, um Strategien zur weltweiten Expansion des Döners zu diskutieren und miteinander abzustimmen. Auf der Facebook-Seite »Dönerproduzenten« ist ein Foto von Ömer Akyüz zu finden. Es zeigt ihn an seinem Schreibtisch, vor ihm vier Fahnen der Länder aufgereiht, zwischen denen sein Leben verläuft: die deutsche, türkische, europäische und die polnische. Am 17. Februar 2017 zeichnete ihn die Facebook-Seite als »Döner King« aus. Die Begründung: »Er ist ein Visionär, keine Frage. Er hat es verstanden, die Bedürfnisse der Kunden im Hinblick auf Qualität und Produktvielfalt an die Umstände anzupassen.«

Dünya Döner Kebab ist zwar der größte, aber Ömer Akyüz ist nicht der einzige deutsch-türkische Dönerproduzent in Polen. Nach Angaben von Çiçek Aslan und Gürsel Ülber vom Vorstand des Verbands der Europäischen Dönerhersteller werden in Polen von den sechs größten Dönerproduzenten allein täglich 250 Tonnen Döner hergestellt, für den Markt in Deutschland und in ganz Europa. Ibrahim Ferah, Redakteur des Branchenmagazins *Dönerci*, geht bei unserem Gespräch 2018 von insgesamt 25 Dönerproduzenten in Polen aus, die rund 300 Tonnen täglich produzieren. Das Rindfleisch, so Ülber, komme übrigens zum Großteil aus Deutschland und den Niederlanden, das Geflügelfleisch aus Polen.

Während meines Besuchs beim Vorstand des Verbands der Dönerindustrie in Deutschland in einem Büro auf dem Berliner Lebensmittelgroßmarkt in der Beusselstraße kommt zufällig ein Dönerproduzent vorbei, der von Berlin nach Polen ausgewandert ist und dort mit einer polnischen Frau eine Familie gegründet hat. Er bestätigt, dass die Dönerbranche seit sechs, sieben Jahre in Polen boomt. Erste Dönerunternehmer wie der Berliner Remzi Kaplan wagten schon 2004 den Schritt über die Grenze. Ülber, der einen Großhandel mit Gewürzen betreibt und viele Dönerproduzenten in Polen beliefert, ist davon überzeugt, dass sich die Dönerproduktion in den nächsten Jahren Stück für Stück von Deutschland nach Polen verlagern wird. Denn auf Dauer werden in Deutschland nur die Döner-Imbisse konkurrenzfähig bleiben, die eine akzeptable Qualität zu günstigen Preisen anbieten. In Deutschland sind alle Möglichkeiten ausgeschöpft, über Betriebsgröße und Produktivitätsfortschritte den Döner preisgünstiger herzustellen und somit zusätzliche Marktanteile zu erobern. Billiger ginge es nur noch mit minderwertigerem Fleisch. Aber da reagiert die Öffentlichkeit nach all den Fleischskandalen der Vergangenheit inzwischen sehr empfindlich. Die einzige Schraube, an der in der Dönerbranche noch gedreht werden kann, sind die Lohnkosten. In Polen betragen diese bei vergleichbarer Produktivität und Qualifikation der Arbeiter im Vergleich zu Deutschland weit weniger als die Hälfte. Der Mindestlohn beträgt in Polen 2021 nur 3,65 Euro, in Deutschland 9,60 Euro. In Polen produzierte Dönerspieße können für den Imbissbetreiber bei gleicher Qualität des Fleisches deshalb um ein bis zwei Euro günstiger angeboten werden als der in Deutschland produzierte. Dünya Döner verkauft den Hackfleischdöner 2018 für 3,70 Euro das Kilo, den Döner Kebap für 4,70 Euro und den Yaprak-Döner für 7 Euro. 1988, also vor dreißig Jahren, kostete ein in Berlin produzierter Hackfleischdöner pro Kilogramm noch zwölf Mark, also etwa sechs Euro.

In Polen entwickelt sich die Dönerindustrie grundlegend anders als in Deutschland. Hier werden die Döner-Imbisse nicht nur von Deutsch-Türken, sondern auch von Polen betrieben. Und in der Dönerproduktion arbeiten nicht nur Türken, Araber und Südosteuropäer wie in Deutschland, sondern viele Polinnen und Polen, aber auch Ukrainer. Auch investieren polnische Unternehmer, anders als die deutschen, in die Dönerindustrie. Ülber macht dafür zwei Dinge verantwortlich: »Deutsche Unternehmer sind satt und reagieren viel zu langsam auf neue Trends und Entwicklungen. Seit Jahrzehnten hat praktisch kein Deutscher Geld in die Dönerindustrie investiert, obgleich das ein Milliardengeschäft ist. Zum anderen ist den Deutschen die Arbeit in den Döner-Imbissen und als Dönerstecker zu beschwerlich.« Tatsächlich sind die Löhne in der Dönerindustrie nicht verlockend. Ein Dönerstecker, also ein Arbeiter, der den Spieß schichtet und zuschneidet, verdient im Monat in Deutschland mit rund 1500 Euro brutto wenig mehr als den Mindestlohn. Aber nicht nur urdeutschen Arbeitern ist die Arbeit in der Dönerindustrie mittlerweile zu schwer und zu schlecht bezahlt. Inzwischen hat die Dönerindustrie in Deutschland aufgrund der verbesserten Arbeitsmarktsituation immer größere Probleme, überhaupt noch Arbeitskräfte zu finden – egal ob mit oder ohne Migrationshintergrund. »Polen ist das China der Dönerindustrie«, so Ibrahim Ferah von *Dönerci*, »hier gibt es billige und gleichzeitig qualifizierte und motivierte Arbeitskräfte in Hülle und Fülle.«

## 50 Jahre Dönerproduktion – *Eine Zeitreise*

Dünya Döner Kebab in Polen, das ist Dönerproduktion 4.0 – Gegenwart und Zukunft. In dieser Produktionsanlage ist alles vereint und auf dem neuesten technologischen und betriebswirtschaftlichen Stand, den Hunderte von Dönerproduzenten in den zurückliegenden 50 Jahren in einer kollektiven Anstrengung ertüftelt und entwickelt haben; die maschinelle Ausrüstung, die hygienischen Standards, die Automatisierung der Produktion.

Lassen Sie sich nun auf eine kleine Zeitreise in die Vergangenheit mitnehmen. Erfahren Sie, wie sich die Produktion des Dönerspießes seit jenen Tagen verändert hat, als Dönerpioniere wie Nevzat Salim 1969 mit seinem Vater den Döner in Heimarbeit schichtete, um diesen den Reutlingern auf dem Stadtfest zu verkaufen. Vieles hat sich in den 34 Jahren seit jenen Sommertagen 1988, als ich erstmals eine Dönerproduktion in der Knesebeckstraße in Berlin besuchte, verändert. Diese Produzenten, die die Heimarbeiter ablösten, sind die Generation 1.0 der Dönerproduktion. In einem kleinen Keller unter den Verkaufsräumen des »Meistergrills« gelegen, eröffnete Mehmet Akyildiz gemeinsam mit seiner Frau Carola eine der ersten Dönerproduktionen Berlins. »Als wir 1984 Ak Sel gründeten, gab es in der

Stadt zwei Dönerproduktionen. Heute sind es sechs.« Die »Großproduzenten« Ende der Achtzigerjahre waren in Berlin kleine Familienbetriebe mit drei, maximal vier Metzgern. Zu dritt schichtete Mehmet Akyildiz 1988 täglich rund 350 Kilo Döner. Das waren zehn, zwölf Spieße am Tag.

Muhittin Yel, Vorarbeiter bei FinalTa, kann 1995, sieben Jahre später, über die Produktivität der Achtzigerjahre nur schmunzeln. »Bei uns produziert jeder Spezialist rund 300 Kilogramm Döner am Tag. Das bedeutet, der Aufbauer hat zwischen 500 und 600 Kilogramm zu schichten.« In unmittelbarer Nachbarschaft des Alexanderplatzes, Prenzlauer Allee 242, hat FinalTa seit 1992 ihren Sitz. In dem dreistöckigen Fabrikgebäude aus der Gründerzeit, einem gelben Klinkerbau, werden wichtige Kapitel der Dönergeschichte geschrieben. »Größter Berliner Dönerbetrieb auf Erfolgskurs«, meldete die *Neue Fleischerzeitung* im September 1992. »Der derzeit größte Berliner Dönerbetrieb FinalTa mit 13 Beschäftigten und moderner Betriebsstruktur beliefert immerhin 80 Kunden im Umkreis von 30 Kilometern. Das Produktionsvolumen beträgt 1,5 Tonnen.« Drei Jahre später gibt es mindestens ein Dutzend Betriebe in der Stadt, die diese Leistung bringen. Es ist die Generation 2.0 der Dönerproduktion, von der wichtige Innovationen der Arbeitsteilung, Distribution und Herstellung ausgetüftelt werden. FinalTa beschäftigt 1995 bereits 37 Personen, die täglich fünf Tonnen Dönerspieße produzieren. Auf der Laderampe und im Hof stehen Kühlcontainer, in denen die fertigen Spieße auf den Abtransport zu den Endabnehmern warten. Spieße zu 15, 20, 30, 50 oder gar zu 150 Kilogramm.

Unter dem Firmenlogo »FinalTa« tritt man ein in das Herzstück der Firma. Zehn Mann stehen um eine rund 25 Quadratmeter große Arbeitsplatte. Berge von Gehacktem und von Fleischlappen türmen sich vor ihnen. Süßlicher Geruch erfüllt den gekachelten Raum. Das Fett auf den Fliesen macht das Gehen schwer. Kräftige Hände greifen in die Hackmasse und klatschen einen kiloschweren Fladen auf die Platte. Flink wird er auf dem Tisch in die Dicke des Döners gerollt und geformt, um abschließend mit kühnem Schwung auf dem Spieß zu landen. Dann als Zwischenlage ein Lappen Fleisch. Erneut schnappen sich die Hände einen Batzen Gehacktes, walken es kräftig durch. Und flutsch, landet er auf dem Spieß. Schicht um Schicht, in Form einer auf dem Kopf stehenden treppenförmigen Pyramide, werden die Schichten aufeinandergetürmt. Abwechselnd Gehacktes, dann eine Fleischscheibe, Gehacktes … appetitanregend sieht das nicht aus.

Dönerspezialisten werden die Arbeiter im Haus respektvoll genannt. Auch der Chef, Halil Ibrahim Taşyumruk, weiß: Den Fleischteig für den Hackdöner zu kneten und formen, das ist Schwerstarbeit und wird dreißig Jahre später von Maschinen übernommen. Ansonsten ist der Auf- und Ausbau zu einem halbwegs ästhetisch anschaulichen Fleischkegel eine Kunst, die auch heute nicht viel anders erfolgt als 1995. Neben handwerklichem Geschick müssen die »Spezialisten« über ein gutes Augenmaß verfügen. Der Anfang des Aufbaus entscheidet darüber, ob der Spieß am Ende zwanzig, vierzig oder gar hundert Kilogramm wiegen wird. Ist der Spieß fertig, wandert er rüber zum Zuschneider. Mit geübten Handgriffen schneidet er den zerklüfteten Döner-Rohling in konische Form. Mit etwas Hackfleischmasse bringt er den Spieß auf das gewünschte Gewicht. Anschließend wird der Döner in eine Plastikfolie verpackt, beschriftet und im Kühlcontainer verstaut.

Möglich sind diese Topleistungen nur durch eine rigide Arbeitsteilung. Zwei Mitarbeiter bereiten in einer Ecke frisches Hackfleisch vor. Nach dem Würzen und Umrühren bleibt es zwanzig bis fünfundzwanzig Minuten zum Durchziehen stehen. Ein Arbeiter reinigt in einer Ecke die Spieße. An der Arbeitsplatte hantieren ein paar Arbeiter mit rasiermesserscharfen Geräten, schneiden Fleischscheiben zurecht, die ihre Nachbarn Schicht für Schicht zum Yaprak-Döner aufbauen. Auf Zuruf lassen alle ihre Arbeit liegen. Ein Lieferwagen ist an der Laderampe vorgefahren. In Minutenschnelle werden mehr als einhundert tiefgefrorene Dönerspieße verladen: Kebap für Kiel. Nach einer kurzen Zigarettenpause ziehen alle Dönerspezialisten wieder ihre Haarnetze über. Und weiter wird gebaut.

Der dreißigjährige Muhettin Yel koordiniert die Arbeitsabläufe. Er gibt die einlaufenden Bestellungen an die Spezialisten weiter. Sein Handwerk als Fleischerkaufmann hat er bei der Berliner Lebensmittelkette Reichelt erlernt. Erfolgreich. 1984 legte er unter den Fleischverkaufsleuten berlinweit die beste Prüfung ab. Für einen kurzen Augenblick wird er nachdenklich: »Heute kostet uns das Kilogramm Fleisch mit sieben Mark im Einkauf fünf Mark mehr als vor zwanzig Jahren. Aber am Verkaufspreis des fertigen Dönerfleisches hat sich nichts geändert.« Unverändert kostet das Kilogramm rund zehn Mark. Also fünf Euro. Bereits 1988 klagte Mehmet Akyildiz über die geringen Gewinnspannen. In der ersten Hälfte der Achtzigerjahre kostete das Kilogramm Hackdöner den Kunden zwölf Mark. 1988 waren es nur noch neun Mark. Für Yaprak-Döner konnten bis zu zwölf Mark verlangt werden. Die harte Konkurrenz unter den derzeit 35 Berliner Dönergroßproduktionen lässt diese Preise nicht mehr zu. 2018, dreißig Jahre später, kostet der Hackdöner übrigens nicht mehr – wenn er, wie wir gesehen haben, in Polen produziert wird.

Ein Stockwerk höher, in der Chefetage, sitzt Halil Ibrahim Taşyumruk, der Gründer und Eigentümer von FinalTa. Wie an jedem Vormittag hält er unter einem Porträt des Gründers der türkischen Republik Mustafa Kemal Atatürk mit dem Agrartechnologen Jens Winter eine kurze Lagebesprechung. Und wie immer geht es darum: wie kann die Produktion effizienter gestaltet werden? Schritt für Schritt hat sich Taşyumruk an sein Ziel herangearbeitet, einer der Großen im Geschäft zu werden. Mühsam hat er sich das handwerkliche und das unternehmerische Know-how angeeignet. Bevor er 1971 als junger Mann nach Essen übersiedelte, hatte er in Istanbul bereits acht Jahre als Metzger gearbeitet. Nach seiner Anwerbung jobbte er eine Zeit lang in einer kleinen Fleischerei im Ruhrgebiet. 1974 siedelt er nach Berlin über und versucht sich, wie so viele seiner Landsleute, mit einem Lebensmittelladen selbstständig zu machen. Seit 1985 zog er schließlich einen Fleischgroßhandel auf. Kontakte zu Großproduktionen und zu Händlern wurden geknüpft. Unerlässlich für sein heutiges Geschäft. Denn es ist keineswegs so einfach, auf dem Markt ständig gleichbleibende Fleischqualität zu einem günstigen Preis zu erhalten.

Der Brandenburger Jens Winter reibt sich zufrieden die Hände. In der spärlich eingerichteten zehn Quadratmeter großen Chefetage entwirft er in diesen Tagen des Jahres 1995 seine Zukunftsvisionen für die nächsten Jahrzehnte: »Wenn die EG-Richtlinien ab nächstem Jahr bindendes Recht sind, dann wird die Herstellung des Döner Kebaps in Küchen und kleinen Klitschen kaum mehr möglich sein. Es wird höchste Zeit, dass der Döner unter zeitgemäßen, hygienischen Bedingungen produziert wird, in modernen Anlagen.« Und die müssen, auch das zeigt die Berliner Erfahrung, raus

aus den Wohnvierteln. Die Mieter eines Wohnhauses in Berlin-Moabit stiegen auf die Barrikaden. Seit die Delta Fleischvertriebs- und Verarbeitungs GmbH 1991 mit scheppernden Dönerspießen in die Wilhelmshavener Straße 47 eingezogen ist, war es mit der Ruhe vorbei. Uwe Aulich notierte im Oktober in der *Berliner Zeitung*: »›Schon nachts um drei Uhr haben LKW vor den Türen gestanden‹, sagt Anwohner Aloysius Lukas. Viele Fahrer ließen auch die Motoren laufen und würden in zweiter Spur parkend die Straße blockieren. Damit nicht genug: Besonders in der warmen Jahreszeit haben die Fleischabfälle trotz der Container im Hof für Verwesungsgeruch gesorgt. ›Fremde Leute fragen uns schon danach. Das zieht auch viele Tiere an. Fliegen, Ratten, Mäuse – wir haben alles hier‹, so Marie Behrendt-Lukas.« – »So etwas ist unzumutbar«, findet auch Jens Winter. Deshalb baut er derzeit für seinen Chef in Werneuchen, am Rande des Berliner Speckgürtels, einen ultramodernen Betrieb auf. Er wird alle EG-Richtlinien erfüllen. Kostenpunkt: fünf Millionen Mark. »Im Frühjahr 1996 werden wir unseren neuen Betrieb eröffnen. Dann können Sie alles, was sie soeben über die Dönerproduktion gelernt haben, vergessen. Unser Mindestausstoß wird dann fünfzehn Tonnen betragen. Nach oben wird es keine Grenzen mehr geben.« Winter begrüßt erregt das neue Döner-Zeitalter. »Ich halte die Standardisierung durch Großbetriebe wie uns für positiv. Nichts fürchten die Branchengrößen bereits 1995 mehr als Schauergeschichten über den Döner. Zu Recht, wie die nächsten Jahre dann auch zeigen.

FinalTa produziert auch 2022 noch in der 1996 errichteten Produktionsstätte in Werneuchen, die der Generation 3.0 angehört. Die Tagesproduktion liegt bei maximal zwanzig Tonnen am Tag.

Auch in Frankfurt am Main, in der Schichaustraße, unweit des Ostbahnhofs in Frankfurt am Main, beginnt Mitte der Neunzigerjahre ein neues Dönerzeitalter. »Im Augenblick entwickeln wir eine Verfahrenstechnik, die eine automatisierte und standardisierte Produktion des Hackfleischdöners gemäß der Berliner Verkehrsauffassung ermöglicht.« Ohne großes Aufsehen kündigt der 29-jährige Enfil Tütüncübaşı eine Revolutionierung an – den Übergang von der Dönerproduktion 2.0 zur Produktion 3.0. 1995 werden die täglich in Deutschland verzehrten 200 Tonnen Döner Kebap in einer der landesweit rund 100 Dönerproduktionen in mühevoller und schweißtreibender Handarbeit hergestellt. Alle Versuche einer automatisierten Dönerproduktion scheiterten bislang.

Enfil Tütüncübaşı ist einer von sieben Brüdern. Seit 1989 rollen sie mit der »Kardeşler Döner Fabrik« systematisch den Markt auf. Frankfurt haben sie im Griff. Ebenso weite Teile Bayerns. Auch in Baden-Württemberg drehen sich in Imbissbuden »Kardeşler«-Spieße. Die »Kardeşler« bringen alles mit, was eine erfolgreiche Döner-Dynastie braucht. Als Fundament eine Philosophie, die die Familie wie Pech und Schwefel zusammenhält. »Für die haben die Eltern gesorgt«, klärt Enfil Tütüncübaşı. Der Vater kam 1969 als Schreiner aus der westanatolischen Stadt Eskişehir nach Stuttgart. Bis 1973 hat er die ganze Familie in die neue schwäbische Heimat nachgeholt. Unter ihnen der siebenjährige Enfil. Mit der Rezession Anfang der Achtzigerjahre kam die Arbeitslosigkeit und die Aufforderung der Politik, die Türken sollten in die Türkei zurückkehren. Die Tütüncübaşıs entscheiden sich zu bleiben. Nun zahlte sich aus, dass der Vater stets ein klares Ziel vor Augen hatte: die bestmögliche Bildung für seine Kinder. Einige der Tütüncübaşı-Geschwister haben wie Enfil Betriebswirtschaft, andere Volkswirtschaft studiert. Ein Bruder ist Ingenieur. Er kümmert sich 1995 um die Perfektionierung des Produktionsablaufs und arbeitet fieberhaft an der Entwicklung der automatischen Produktionsstraße.

1983 gründeten die ältesten der Tütüncübaşıs einen Lamm-Rindfleisch-Großhandel. Das Startkapital war ein roter Mercedes 240 D, teilen sie heute auf ihrer Homepage mit. Der Erlös des Verkaufs floss in die neu gegründete GmbH ein.

Jeder der Tütüncübaşıs hat seinen Zuständigkeitsbereich. Ein Bruder ist für den Einkauf zuständig, der andere für die Buchhaltung. Wieder ein anderer baut den neuen Betrieb gemäß den ab 1996 gültigen EG-Richtlinien zur Hackfleischverarbeitung auf. Und der Vater wacht darüber, dass alles seinen geplanten, erfolgreichen Gang geht. Ab 1986 begannen die »Kardeşler«, kleinere Mengen von Döner Kebap zu produzieren. Ab 1989 schließlich galt die volle Konzentration dem Döner Kebap.

Enfil Tütüncübaşı ist stolz auf das Erreichte: »Das negative Image, das der Döner bei den Intellektuellen aus der Türkei genießt, stört mich nicht. Er hat die Integration der Türken in Deutschland gefördert. Die besten Kontakt- und Gesprächsmöglichkeiten finden nun mal über das Essen statt. Das baut Barrieren ab. Wir Dönerproduzenten brachten den Deutschen eine neue Geschmacksvariante. Der Döner war das Mittel, den Deutschen zu zeigen: Wir haben etwas zu bieten. Das hat weder mit den Textilien noch mit den Gemüseläden richtig geklappt«, erzählt er bei unserem Treffen 1995.

Neben der Familien- und Geschäftsphilosophie haben die »Kardeşler« vor allem eines – Visionen. Der studierte Betriebswirt in seinem schlicht eingerichteten Büro: »Der Markt ist noch lange nicht gesättigt. Wir haben Anfragen aus Frankreich, Schweden, Spanien. Augenblicklich können wir sie allerdings nicht decken.« Auch den ostdeutschen Markt lassen die Brüder 1995 (noch) links liegen. Zu instabil sei der Markt dort, zu unseriös die Geschäftspartner in ihrer Zahlungsmoral. »Darüber hinaus hatten wir keine Lust, mit Berliner Billiganbietern zu konkurrieren, die in ihren Döner Innereien mischen«, erregt sich der Frankfurter über die vermeintlich wilden Sitten an der Spree. Ohnehin lassen die engen Räumlichkeiten in der Frankfurter Innenstadt eine Ausweitung der Tagesproduktion von mehr als fünf Tonnen Kebap-Spießen augenblicklich nicht zu. 48 Arbeiter sind in der »Kardeşler«-Produktion beschäftigt.

Aber der junge Geschäftsmann weiß sehr genau, wohin die Reise des Döner Kebaps geht. »In der Bundesrepublik wird die Zahl der Imbissstände in den nächsten zwei, drei Jahren zunehmen, da es noch einige unterentwickelte Regionen gibt.« Vor allem die Kleinstädte mit zehn-, fünfzehntausend Einwohnern werden im Moment erschlossen. Aber die Sättigungsgrenze ist bald erreicht. Kein Grund zur Sorge. In den Nachbarländern giert die Kundschaft bereits nach deutschem Döner. Die Tütüncübaşıs haben keinen Zweifel daran, den europäischen Markt im Sturm zu erobern. »Die Verfahrenstechnik der Dönerproduktion ist in Deutschland am besten entwickelt. Wir haben mit der Berliner Verkehrsauffassung Qualitätskriterien festgelegt und in den letzten zehn Jahren einen stabilen Markt aufgebaut.« Deutschland wurde so zu einem Dönerstandort, weltweit dem einzigen, an dem sich millionenschwere Investitionen für standardisierte Verfahren rechnen. Selbst die Heimstatt des Döner Kebaps ist in dieser Hinsicht längst abgeschlagen. Künftig werden die Produktionstechniken aus Deutschland in die Türkei reimportiert werden, ist sich Tütüncübaşı

1995 noch sicher. Auch dort haben die Geschwister Tütüncübaşıs das Feld sondiert. Ein Zweigbetrieb ist projektiert. Er soll die touristischen Regionen rund um Antalya beliefern. Die deutschen Urlauber sollen künftig an keinem Platz der Welt auf ihren geliebten Döner à la Berlin verzichten müssen.

Konzentrieren wir uns wieder auf die Europäische Gemeinschaft. Selbst wenn Unternehmer wie die Tütüncübaşıs gewollt hätten, hätten sie die Nachbarländer in den Neunzigerjahren noch nicht wirklich mit Döner Kebap beliefern können. Der Grund: Die in der Bundesrepublik hergestellten Dönerspieße wurden nach den Vorschriften der deutschen Hackfleisch-Verordnung vom 10. Mai 1976 hergestellt. Für Deutschland war das schon in Ordnung, nicht aber für den Rest der EU. Am 1. Januar 1996 sind die EU-Richtlinien zur Hackfleischverarbeitung in Kraft getreten. Und EU-Recht bricht Landesrecht. Die EU-Richtlinien zur Hackfleischverarbeitung sind um einiges strenger als die der deutschen Hackfleisch-Verordnung. Unter anderem sind täglich mikrobiologische Kontrollen und eine weitgehend keimfreie Produktion vorgesehen. Diese Anforderungen lassen sich nur erfüllen, wenn die Dönerspieße in geschlossenen Abteilungen und unter labormäßigen Bedingungen hergestellt werden. Ende 1995 erfüllte noch keine Dönerproduktionsfirma der Republik diese Voraussetzungen. Denn so ein Betrieb ist teuer und kostet mindestens 2,5 Millionen Euro. Ergo:

ein Export in EU-Mitgliedsstaaten ist bis zur Fertigstellung des neuen Betriebes der »Kardeşler« noch nicht möglich.

Die Jahre 1995 und 1996 markieren eine Zeitenwende in der Dönerindustrie. Die ab 1996 geltenden EU-Richtlinien führen zu einem Modernisierungsschub und zur Konzentration der Produktion. Viele Kleinbetriebe verschwinden, große entstehen. Die Tütüncübaşı sind ganz vorn mit dabei. Kurz nach meinem ersten Besuch in der Schichaustraße beziehen sie Ende 1995 ihre neue Produktionsstätte, in der nun nicht mehr 38, sondern 200 Mitarbeiter bis zu fünfzig Tonnen Dönerspieße am Tag herstellen. Enfil Tütüncübaşı hat nicht zu viel versprochen. All seine Prognosen und Visionen haben sich bis hierhin bewahrheitet und wurden umgesetzt. Die KARMEZ Dönerfabrik GmbH ist auch heute noch, trotz einiger Turbulenzen, einer der Marktführer in Deutschland.

## Die Achillesferse des Döners

Enfil Tütüncübaşı glaubte bereits vor Jahrzehnten an die ordnende Hand der Großbetriebe. »Es ist unsere Aufgabe, einen seriösen und transparenten Markt zu schaffen.« Und noch etwas beschäftigte damals Tütüncübaşı: »Wir müssen von den Italienern lernen.

Es reicht nicht, ein billiges Produkt anzubieten. Wir müssen beim Döner künftig mehr Wert auf die Warenpräsentation legen.«

Damit ist die Achillesferse des Milliardengeschäfts benannt. So erfolgreich der Döner auch ist, so viel in der Produktion automatisiert und standardisiert wurde, so schwach ist der Döner Kebap am Ende der Kette, in seiner Präsentation. »Viele Dönerverkäufer kommen aus der Arbeiterschaft. Auf der Suche nach einer Existenz wollen viele meiner Landsleute mit geringstem Einsatz möglichst schnell viel Umsatz machen«, klagt Enfil Tütüncübaşı. Und das garantiert bis heute der Döner Kebap mit seinem unvergleichlichen Preis-Leistungs-Verhältnis für den Endverbraucher. Das Risiko einer Geschäftseröffnung ist gering. Inzwischen besteht ein entwickelter Markt, der Kebap-Buden für Neueinsteiger schlüsselfertig liefert. Ob Grillgeräte, Entlüftungsanlage, Dönerlieferung oder das elektrische »Ünal-Dönermesser« – alles ist wohl organisiert. Einzige Bedingung, um in den Milliardencoup einzusteigen, sind rund 50 000 Euro Startkapital. Das Ergebnis: Die Mehrzahl der existierenden Kebap-Buden bietet einen beschämend niedrigen Standard. Auch nach fünfundzwanzig Jahren haben viele Imbisse nicht die Schmuddelecke hinter sich gelassen. In Frankfurt, wo man sich schon immer gern etwas snobistischer als andernorts gibt, ist der Döner längst in der Defensive. »In den Achtzigern gab es unter den rund vierzig Verkaufsstellen einige, die hatten bis zu 300 Kilo Döner am Tag verkauft. Heute sind es nicht mehr als 40 Kilo pro Imbiss«, beteuern die »Kardeşler«. Die Brüder aus Frankfurt wissen also aus eigener Anschauung um die Gefahr. Sackt der Döner weiter ab auf der Beliebtheitsskala, kann es auch in der Restrepublik schnell vorbei sein mit der Döner-Herrlichkeit. »Wir brauchen dringend eine Schule der Präsentation.« Auch Enfils Berliner Kollege Jens Winter hofft bereits Mitte der Neunzigerjahre: »Der Döner muss künftig individuell verkauft werden.« Die »Kardeşler« haben bereits Konsequenzen gezogen. Sie beraten ihre Landsleute bei Neueröffnungen von Imbissbuden. Ein Rundbrief ist in Vorbereitung, der die Dönerwirte regelmäßig mit Rezeptvorschlägen, Präsentationstipps und Neuigkeiten aus der Branche versorgt. Aber der ganz große Deal steht noch aus. Wer wird in den künftig geordneten und stärker standardisierten Dönermarkt einsteigen – Coca Cola oder Pepsi Cola? Enfil Tütüncübaşı hätte nichts gegen Coca Cola. Auf sein Verhältnis zu McDonald's angesprochen, antwortet er ganz selbstbewusst: »Wir werden den Markt sehr genau beobachten. Irgendwann wird der Konzern nicht mehr an Döner Kebap vorbeikommen. Aber ihm fehlt das Know-how der Dönerindustrie, also wird er auf einen türkischen Geschäftspartner angewiesen sein.«

Anders als seine Visionen bezüglich der Produktion haben sich die Visionen für die Präsentation nicht erfüllt. Auch 2022 gibt der Großteil der Dönerimbisse ein bescheidenes Bild ab. Die geforderte individuelle Verkaufsstrategie ist selten, auch hat sich die erwartete Systemgastronomie à la Turka nicht durchgesetzt.

## Döner ist Kultur

Als 1995 mein Buch *Aufgespießt. Wie der Döner über die Deutschen kam* erschienen ist, lobte die Ethnologin Ayşe Çağlar, mit welch großer Genauigkeit die verschiedenen Phasen des Döner-Unternehmertums nachgezeichnet wurden.[62] Gleichzeitig kritisierte sie in ihrem Radiobeitrag auf SFB, das Buch lasse die »interessanten Marketingstrategien, insbesondere die Bemühungen um eine Image-Erneuerung« unberücksichtigt. »All die Namensänderungen der Imbissbuden, der Imbissketten, wie McKebap, McDöner, Keb'up, Mister Kebap, Dönerburger oder die Änderungen in den Logos wie in den Inneneinrichtungen der Döner-Läden, und zwar ohne Wechsel der Besitzer, bleiben dunkel in diesem statisch entworfenen Bild der Döner-Welt«.[63]

»Bis in die späten 80'er«, so Çağlar weiter in ihrer Kritik, »setzte die Marketingstrategie der Döner-Verkäufer auf das Türkische, auf das Exotische an diesem Produkt. Man versuchte ethnische Assoziationen zu vermitteln und bot die Ware in einer ziemlich orientalisch folkloristischen Atmosphäre an. Die 90'er Jahre aber zeugen von einer wichtigen Änderung des Döner-Marketing auf einer symbolischen Ebene. In jenen Jahren ist eine starke Anstrengung zu verzeichnen, dem Döner ein neues Image zu geben, um auf diesem neuen Feld der Konnotationen eine neue Zielgruppe anzusprechen. Hier ist eine immense Kraft im Einsatz, um den Döner Kebap von seinem partikularen Kontext abzulösen und ihn in einem neuen Kontext zu präsentieren, wo die ethnischen und folkloristischen Assoziationen zurückgedrängt sind.«

In den Jahren 2018 bis 2022 habe ich in Berlin, Frankfurt, München, Magdeburg, Dresden und andernorts überprüft, ob mir damals etwas Entscheidendes entgangen ist. Ich bin durch Kreuzberg gelaufen, durch Moabit, den Wedding und Tempelhof und habe Hunderte Dönerimbisse in Augenschein genommen, ich bin durch die Bahnhofsviertel in Frankfurt und in München gestromert, auf der Suche »nach dem neuen Feld der Konnotationen für die Ansprache neuer Zielgruppen«. Dabei habe ich tatsächlich den einen oder anderen Dönerimbiss entdeckt, der zum Beispiel in dem heute in Istanbul so hippen neoosmanischen Style um Kundschaft wirbt, oder sich wie Mustafa von »Mustafa's Gemüse Kebap« mit Kinospots cleverer Markenstrategien bedient, die einen Mythos um den Dönerimbiss kreieren und ihn via sozialer Medien zum weltweit gehandelten Geheimtipp machen. Ich habe Döner von erstaunlicher Qualität gegessen. Tolle türkische Restaurants entdeckt. Ich habe auch festgestellt, dass der Schawarma vielerorts den Döner verdrängt. Ich habe keinen Dönerimbiss gesehen, der mit hochwertigem Biofleisch wirbt, obwohl es diese hie und da, zum Beispiel in Stuttgart, geben soll.

Ein großer Anteil der Imbissbuden hat sich in Ausstattung und Ansprache der Kunden im Laufe der Jahre recht wenig verändert. So mancher im Dönerkosmos Verstrickte wünschte sich, Cağler hätte Recht gehabt beziehungsweise die von ihr beschriebene Entwicklung hätte sich durchgesetzt. Weder haben die Dönerimbisse sich ein neues Aussehen gegeben, noch haben sich Imbissketten à la McDöner oder Dönerburger entwickelt. Alle, aber auch alle Versuche, ein großes Filialnetz aufzubauen, sind bislang gescheitert. Dem widerspricht nicht, dass die eine oder andere Firma zwanzig oder auch dreißig Dönerfilialen betreibt – eine Kette ist das noch lange nicht. In der Dönerbranche hat die Systemgastronomie keine Chancen. »Um bundesweit agieren zu können, braucht man entweder ein besonders ausgefallenes Konzept oder viel Kapital, um wirklich schnell zu wachsen. In einer Branche, die vor allem um ein einziges Produkt kreist, dem Döner Kebap, gibt es für beides wenig Spielraum«, so Yunus Ulusoy, Ökonom am Zentrum für Türkeistudien.[64]

Außerdem, so Ulusoy, seien wie bereits erwähnt die Eintrittsbarrieren, um einen Dönerimbiss zu eröffnen, gering: Den Spieß lieferten meist die großen Produzenten, die Zubereitung des Döner Kebaps erfordert keine hohe Qualifikation. »Warum sollte sich jemand von einem Franchisegeber abhängig machen, wenn er das Geschäft ohne großen Aufwand selbstständig betreiben kann?«

An dem Aufbau eines Franchise-Systems haben sich über die Jahre viele versucht. Auch Karmez aus Frankfurt hat 2003 einmal mehr eine europaweite Dönerkette mit Franchise-System angekündigt, aus der bis heute nichts geworden ist. »Leider haben wir keinen passenden strategischen Partner gefunden«, so Enfil Tütüncübaşı im Jahr 2014 gegenüber der Tageszeitung *Die Welt*. Doch er hält an seinem nun schon über zwanzig Jahre alten Traum fest: »Ob wir es sind oder andere – die Döner-Franchisekette wird kommen. Die Qualitätsunterschiede sind beim Döner Kebap sehr groß – davon könnte eine Marke mit hoher Qualität und gutem Ruf profitieren.«[65]

Sandra Warden, Expertin für Systemgastronomie beim Deutschen Hotel- und Gaststättenverband, bleibt skeptisch. »Wenn jemand in eine Kette investiert, wird er das vor allem tun, wo es noch eine Nische gibt.«[66]

* * *

Am Anfang dieses Buches hat Kavita Meelu beim Aufruf für Kebabistan gefragt: »Warum essen wir die gleichen Kebaps seit Jahrzehnten? Warum gibt es so wenig

Qualitätsbewusstsein?« Die Antwort ist banal: Weil er den Deutschen, so wie er ist, gut schmeckt. Weil Kebap die Leibspeise der Arbeiter, kleinen Angestellten und finanziell Schlechtgestellten ist. Er ist und bleibt eine Konstante der deutschen Alltagsernährung.

Der Döner ist Bratwurst, ist Pizza, ist Currywurst. Der Döner ist Kultur.

## Das Brot der Türken

Noch sind wir nicht an das Ende unserer Betrachtung und Zeitreise rund um den Döner angekommen. Ohne Brot kein Döner. Und kein frisches Brot ohne Nachtarbeit. Oktober 1995, Berlin-Neukölln, drei Uhr nachts. In dem kleinen, düsteren Hinterhofpavillon rattert eine kleine Maschine. Rhythmisch spuckt sie einhundert Gramm schwere, wässerige Teigklumpen aus. Auf schmalen Stoffstreifen laufen sie in Viererreihen eine schiefe Ebene hinunter, fallen auf ein Holzbrett, aufmerksam beobachtet von einem hageren Arbeiter. Er wechselt das Brett, sobald eines mit zwanzig Teigklumpen bepackt ist. Vor ihm steht Ayhan Uğur und greift mit öligen Armen tief in die Knetmaschine. Mit Schwung wuchtet er einen riesigen Teigbatzen Richtung Trichter. In etwa anderthalb Metern Höhe über der Vorformmaschine verschlingt dieser den Teig gemächlich. Irgendwo im Inneren der Maschinerie wird er portioniert.

Dieses kleine Ding, nicht viel größer als eine Kühltruhe, ist der ganze Stolz von Ismail Akın. Seit 1992 versuchte der Eigentümer der Bäckerei, mit kleinen Dönerbrötchen eine Nische auf einem hart umkämpften Markt zu besetzen. Viele Leute, so seine Überlegung, würden ihren Döner lieber in einem knusprigen Sandwichbrötchen als in einem geviertelten Fladenbrot essen. Er hatte recht. Seine kleinen Fladenbrötchen sind ein Hit. Kunden aus der ganzen Stadt wollen sie. Aber mehr als 15 000 die Nacht kann er in den knapp achtzig Quadratmeter großen Räumlichkeiten und mit fünf Mann nicht produzieren.

Das mächtige Dönerbrötchen ist das Ergebnis jahrelanger Experimente. Ismail Akın: »Der Clou an der Sache ist: je weicher der Teig ist, desto besser die Dönerbrötchen. Beim Teig für normales Fladenbrot beträgt der Wasseranteil vierzig Prozent. Mein Teig enthält siebzig Prozent Wasser. Das hält die Brötchen länger frisch und sie schmecken besser.« Drei Tage halten sie, ohne auszutrocknen. »Das unterscheidet meine Dönerbrötchen zum Beispiel von denen, die überall in München angeboten werden, die sind aufgrund des geringeren Wassergehaltes nach einem Tag trocken und ungenießbar.«

Zwei Jahre tüftelte Ismail Akın am wässrigen Verfahren. »1992 haben wir es mit Handarbeit probiert.

Bis zu eintausend Stück pro Schicht haben wir hingekriegt.« Wie flink Akın mit seinem Sohn Knil auch immer war: vierzig Pfennige hätte das nach dem Backen achtzig Gramm schwere Brötchen für den Großabnehmer dennoch gekostet. Zu teuer, um mit dem handelsüblichen fünfhundert Gramm schweren Pide zu konkurrieren. Das Fladenbrot, das auseinandergeschnitten mindestens vier Fleischtaschen ergibt, kostet für den Stammkunden maximal 80 Pfennig – also 20 Pfennig für die Portion.

Akın besuchte Ausstellungen für Bäckereiausrüstungen, sprach mit Maschinenherstellern, ließ sich Maschinen zum Probelauf kommen. Die Ergebnisse waren lange unbefriedigend. In einer Garage des Hinterhofs lagert die ausgemusterte Ausrüstung fehlgeschlagener Versuche im Wert von mehr als 150 000 Mark. 1993 gelang ihm der Durchbruch. Ismail Akın hatte endlich den für die Pideproduktion unerlässlichen feuchten Teig. Mit der nun möglichen maschinellen Vorformung sank der Stückpreis von 40 auf 22 Pfennig. Das Brötchen war endlich konkurrenzfähig.

Nach so viel Anstrengungen und Investitionen ist es kein Wunder, dass er seine Technik als Betriebsgeheimnis streng hütet. Ayhan Uğur, der Teigmeister des Betriebs, rührt eine neue 50-Kilogramm-Mischung der geheimnisumwitterten Masse an. Ein bisschen Salz, Backstabil, natürlich Mehl, Öl und Wasser. Offensichtlich liegt der Schlüssel zum Erfolg bei den Wassertemperaturen. »No comment«, ist die knappe Antwort Akıns auf meine neugierigen Fragen. Uğur ist der erste Familienfremde, der in den Hokuspokus eingeweiht wurde. Vor vier Wochen wurde er eingestellt. Bis dahin rührte der Chef höchstpersönlich an. »Es haben schon viele Kollegen vor mir hier gearbeitet, um das Geheimnis herauszubekommen,« lächelt Uğur. Gelungen ist es ihnen bis heute nicht.

Selbst ein deutscher Bäcker aus Hoyerswerda machte sich auf den Weg nach Neukölln, um das Geheimnis zu ergründen. Für ihn ging es dabei um viel Geld. Der Betreiber der »Dönerix«-Imbisskette im Süden Sachsens Izzet Aydoğdu, den wir im Kapitel »Kebap-Träume im Wilden Osten« bereits kennenlernten, machte ihm das lukrative Angebot: »Falls du in der Lage bist, mir die Brötchen zur gleichen Qualität und zum gleichen Preis zu bieten wie Akın, bekommst Du den Auftrag.« Nicht weniger als 14 000 dieser Dönersandwichbrötchen verbraucht Aydoğdus Dönerimperium die Woche. Der Hoyerswerdaner machte sich auf ins ferne Neukölln, ging bei »Meister« Akın in die Lehre – und scheiterte.

* * *

Gegen das türkische Backwunder ist noch kein deutsches Kraut gewachsen. Während in den deutschen Bäckereien das vierzig Gramm schwere Brötchen für 35 Pfennige an die Laufkundschaft verkauft wird, bekommt diese in Berlin ein 500 Gramm schweres Fladenbrot für eine Mark. »Täglich verlieren die türkischen Bäckereien in Berlin rund 150 000 Mark«, lüftet der Vorsitzende der Türkischen Bäcker und Konditorenvereinigung Berlins das Preiswunder. Ismail Tatars Kalkulation ist einfach: In den rund hundert Bäckereien der Stadt werden täglich durchschnittlich 200 000 Fladenbrote gebacken. Der normale Lieferpreis müsste eine Mark zwanzig betragen, der Verkaufspreis einsfünfzig bis einssiebzig. Verkauft wird aber tatsächlich für achtzig Pfennig. Macht 120 000 Mark Verlust am Tag. Die restlichen 30 000 Mark setzen sich aus den Dumpingpreisen des restlichen Sortiments zusammen.

Seit 1979 behauptet sich Ismail Tatar in dem wilden Geschäft. An diesem Morgen ist er geknickt. Ein Beamter des Eichamtes ist zu Besuch und wirft Brote auf die Waagschale. Einige sind zu schwer, andere haben exakt 500 Gramm, einige sind eben ein paar Gramm zu leicht. »Das lässt sich nicht vermeiden. Die Fladenbrote werden nicht maschinell produziert. Alles ist Handarbeit und Augenmaß«, erklärt Tartar, nachdem der Mann vom Eichamt seine lästige Pflicht erfüllt und sich etwas unfreundlich verabschiedet hat.

Auch sein Sohn Veli Tatar ist sichtlich abgenervt. Immer häufiger denkt er ans Aufgeben. Zu stressig sei das Geschäft und zu wenig einträglich. Alle Versuche, den Markt humaner zu gestalten, sind bislang gescheitert. Und je mehr Bäckereien sich um Kundschaft schlagen, desto unwahrscheinlicher wird eine vernünftige Preispolitik. Eine Familie versucht die andere vom Markt zu beißen. 1983, damals gab es 33 türkische Bäckereien in Berlin, versuchte Ismail Tatar sein Bestes, um den Preis zu stabilisieren. Neun Bäckereien schlossen sich zusammen, gründeten eine Einzelhandels GmbH. Diese kaufte die gesamte Tagesproduktion auf und bot sie auf dem Markt für eine Mark das Stück an. Zwei Tage funktionierte das. Dann meldete sich das Kartellamt zu Wort: Unzulässige Preisabsprachen seien das, lautete das Veto. »Auch die nachfolgenden Versuche scheiterten«, so Sohn Veli. »Da sitzen zwanzig erwachsene Männer zusammen, einigen sich auf einen Lieferpreis. Aber kaum sind sie aus der Tür, geht das alte Spiel weiter.« Türkische Kleinunternehmer sind hoffnungslose Individualisten. Lachende Gewinner sind die Kunden.

Zum »Zoff ums Fladenbrot« kam es im Juli 1992 in Hamburg, als den dreizehn türkisch-hanseatischen Bäckereien das schier Unglaubliche gelang.[67] In einem formlosen Schreiben gaben sie ihren Abnehmern bekannt: »Ab dem 6. Juli wird das 500-Gramm-Fladenbrot statt 80 Pfennig eine Mark kosten. Künftig nehmen wir altes, unverkauftes Brot nicht mehr zurück.« Es war die erste Preiserhöhung für Fladenbrot seit zehn Jahren. Und der Besitzer der Anadulo-Bäckerei im Nernstweg, in der 21 Angestellte täglich 3000 bis 10 000 Fladenbrote produzieren, erklärte: »Die Arbeiter, die bei mir beschäftigt sind, bekommen zwischen 1500 und

2000 Mark brutto im Monat. Ohne Preisanhebung kann ich meinen Leuten keine höheren Preise bezahlen.«

Die Reaktion auf diesen Akt der Vernunft war gewaltig. 150 Hamburger Lebensmittel- und Dönerläden boykottierten die Bäckereien, bezogen ihr Pide nun von der Konkurrenz aus dem Umland. Ein türkischer Kunde spann Verschwörungstheorien: »Die Bäckereien wollen die Preiserhöhungen nach türkischen Verhältnissen hierhertragen. Nach knapp zweiwöchigem Boykott und drei zähen Verhandlungsrunden mussten die Brotpreise wieder gesenkt werden. Das 500-Gramm-Fladenbrot sollte künftig 90 Pfennig statt der verlangten einen Mark kosten. Altes Brot, das sahen die Großabnehmer schließlich ein, wird nicht mehr zurückgenommen. Der kleinen Çınar-Bäckerei blieb nichts Weiteres als die bittere Kröte zu schlucken. »Für uns ist das ein völlig unmögliches Ergebnis«, erklärte ein Mitarbeiter gegenüber der Presse. Aber da während des Boykotts die Wochenproduktion von 12 000 Fladenbroten auf weniger als 1000 absackte, musste auch die Çınar-Bäckerei die Preise senken.

Die Zeche zahlen die Arbeiter vor Ort und deren Familien. Bei immer geringeren Gewinnspannen bleibt der Monatslohn mit rund 2000 Mark konstant, nur die Schicht dauert zwölf anstatt acht Stunden. »Einen Weg aus dieser unwürdigen Situation gibt es aufgrund der Arbeitslosigkeit nicht«, betont der Berliner Veli Tatar. Türkisches Fladenbrot wird am Rand des finanziellen Abgrunds gebacken. Die eingefahrenen Verluste werden so gut es geht kollektiviert. »Jede Berliner Bäckerei hat durchschnittlich 50 000 Mark Mehlschulden.« Macht bei hundert Bäckereien fünf Millionen Mark Außenstände für die Mühlen. Wie dieses System funktioniert? »Die erste Lieferung einer Mühle wird bar bezahlt. Dann werden die Zahlungen hinausgezögert. Wenn eine Mühle bei 30 000 Mark Schulden die Lieferungen einstellt, wird zur nächsten Mühle gewechselt. Dann zunächst Barzahlungen ...«

* * *

Inzwischen ist es vier Uhr morgens. Die vorgeformten Brötchen durften für 45 Minuten im Gärraum der Bäckerei Akın schwitzen und sich zur stattlichen Größe weiterentwickeln. Kaum aus dem Hitzebad entlassen, werden sie von zwei Arbeitern im Akkord mit flinken Händen geformt. Schweißgebadet schiebt Kanil Akın einen Rollwagen, auf dem zwanzig Bleche mit jeweils zwanzig Dönerbrötchen übereinandergestapelt sind, Richtung Drehofen. Jeder Handgriff sitzt hier, ist Routine. Mit einem Ruck wird die Glastür des Backofens geöffnet und der Wagen hineingeschoben. Ein Hitzeschwall heizt die Backstube zusätzlich auf, lässt Kondenswasser von der Decke tropfen. 13 Minuten dreht sich der Wagen nun auf einer Plattform bei 265 Grad Celsius. Wenige Minuten später wird der zweite Ofen bestückt. Hitze.

Ismail Akın gönnt mir eine kleine Verschnaufpause. Wir wechseln in das über der Bäckerei liegende Firmenbüro. Bei einer Tasse Kaffee führt mich der Chef in die Geschichte des Berliner Fladenbrotes ein: »Als ich 1970 als Tourist nach Wiesbaden kam, habe ich nirgendwo Fladenbrot entdeckt.« Noch 1975, als Akın bereits zwei Jahre in einer Neuköllner Gießerei arbeitete, haben die Dönerverkäufer noch selbst ihr Fladenbrot gebacken. Ab Mitte der Siebzigerjahre haben die ersten Bäckereien den Dönerverkäufern das Fladenbrot angeboten, das in der Türkei in dieser Form unbekannt war. »Das türkische Pide, das nur während des Fastenmonats produziert wird, ist dünner als seine Berliner Verwandten. Und es hat eine längere und ovalere Form. Als Dönertasche völlig ungeeignet.« Als Ismail Akın 1980 nach einem zweijährigen Zwischenspiel als Lebensmittelhändler in Friedenau seine erste Bäckerei eröffnete, reichten zur Versorgung der türkischen Bevölkerung Berlins drei Bäckereien völlig aus. »Die Deutschen haben damals kaum Fladenbrot gegessen.« Produziert wurde in den frühen Achtzigern vorwiegend 750 Gramm schweres längliches Weißbrot. »Der Anteil des Fladenbrots betrug bis 1985 höchstens zwanzig Prozent. Inzwischen essen sowohl die Deutschen als auch die Türken zu 95 Prozent Fladenbrot. Türkisches Weißbrot wird kaum noch hergestellt.«

Ismail Akın musste einen langen und verlustreichen Weg zurücklegen, bis er sich mit seinem Dönerbrötchen eine kleine Monopolstellung erarbeitet hatte. »1992 habe ich innerhalb von sechs Monaten über 250 000 Mark Verlust eingefahren.« Der Grund: damals hatte sich die Bäckerei auf das süße Gebäck Baklava spezialisiert. Eine teure Fehleinschätzung. Denn just zu diesem Zeitpunkt rollten aus der Türkei Lkw voller konkurrenzlos billiger Baklava-Lieferungen in die Stadt ein. Aufgesteckt hat der alte Kämpfer trotzdem nicht. Zu viel hatte er in den 25 Jahren, in denen er in Deutschland lebt, durchgestanden, um sich entmutigen zu lassen. »Einmal habe ich 72 Stunden am Stück durchgearbeitet, ohne Pillen.« Meine Frage, ob ich mich verhört hätte, erwidert er mit einem Schulterzucken: »Mir blieb angesichts der Schulden keine andere Wahl.«

Ismail Akın kommt damit auf einen Punkt zu sprechen: Wie kommt ein Gießer auf die Idee, Bäcker zu werden? Und was motiviert die Bäcker, trotz geringster Gewinnerwartungen um jeden Preis weiter zu produzieren? Ein Teufelskreis. Sind Angehörige erst einmal aus der Fabrik gefeuert, stellt sich für die Familien die Frage: Was tun ohne qualifizierte Berufsausbildung und bei einer Arbeitslosenrate von 25 Prozent unter Berlins Türken? Die Alternativen, die sich stellen, sind: eine Bäckerei, einen Döner- oder Gemüseladen zu eröffnen. Die Entscheidung ist abhängig vom Ersparten. »Bei Bäckereien sind für einen kleinen Familienbetrieb normalerweise 600 000 bis 700 000 Mark Investitionen notwendig. Die meisten müssen sich verschulden und kämpfen nun damit, die Kredite abzustottern. Bei der nächsten Rate müssen sie um jeden Preis flüssig sein. Koste es, was es wolle.« – »Wir brauchen in Berlin künftig eine türkische Großbäckerei. So, wie es im Moment läuft, geht das nicht mehr weiter«, überrascht Akın plötzlich. Er ist sich an diesem Punkt mit seinem Kollegen Ismail Tatar einig. In den hundert Berliner Bäckereien gibt es keinen einzigen türkischen Meister, wird kein einziger Lehrling ausgebildet. Die Ursache ist einmal mehr das Geld. Zwar braucht jede türkische Bäckerei formal einen Meister, um produzieren zu dürfen. Das ist kein Problem. In Berlin leben ausreichend deutsche Bäckermeister in Rente, die ihren Namen und ihren Titel für 500 bis 1000 Mark monatlich zur Verfügung stellen. Aber einen deutschen Meister einzustellen, der dann auch ausbilden könnte, das ist zu teuer. Er würde den Betrieb mehr als 3000 Mark netto kosten. Und ein angestellter deutscher Meister wäre kaum bereit, sich den üblichen Arbeitsbedingungen der Branche anzupassen. Akın: »In türkischen Betrieben wird nicht nach Stunden bezahlt, sondern pauschal. Mit einem Acht-Stunden-Tag und einer Fünf-Tage-Woche würde das System nicht funktionieren. Wir wären nach sechs Monaten pleite. Eine türkische Bäckerei kann nur Geld verdienen, wenn die Familie mitarbeitet und das Personal zehn bis zwölf Stunden am Tag arbeitet. Sechs Tage die Woche.« Die Situation in den Imbissständen und den Gemüseläden sei ganz ähnlich.

Was sich Akın von einer Großbäckerei verspricht: Bessere Ausbildung, einen geordneteren Markt, menschlichere Arbeitszeiten und eine zeitgemäße Bezahlung. In Berlin ist allerdings kein Bäcker in der Lage, die dazu mindestens notwendigen fünf Millionen Mark an Investitionen aufzubringen.

Für Ismail Akın muss sich die Meldung »Fladenbrot macht nicht nur satt, sondern auch reich« wie eine außerirdische Botschaft anhören. Euphorisch feierte das Essener Zentrum für Türkeistudien am 16. September 1995 die Eröffnung der Brotfabrik »Bereket Brot« in Bochum Wattenscheid. »Die Firma hat die ethnische Nische verlassen und bietet auch innovative Produkte für die immer stärker zunehmende Zahl deutscher Käufer an.«[68] Ein Vollkorn-Fladenbrot für Ernährungsbewusste wird ins Programm aufgenommen. Im Oktober 1995 betrug die Tagesproduktion der Fabrik 7000 Fladen- und 15 000 Weißbrote. Bei voller Auslastung können stündlich 5700 Brote vom Band laufen. 100 000 am Tag. Das ist fast so viel wie die sämtlichen 28 türkischen Bäckereien in ganz Nordrhein-Westfalen bislang produzierten: 70 000 Pide und 45 000 Weizenmischbrote täglich.[69] So weit wie das Ruhrgebiet ist man in der Dönermetropole noch nicht.

Vier Uhr dreißig. Inzwischen ist die Luft in der Backstube zum Schneiden. Die drei Arbeiter stehen mit ersten Ermüdungserscheinungen vor ihren Maschinen, vor den Blechen. Kein Ende der Schicht ist in Sicht.

14 000 Dönerbrötchen sind heute das Limit. In dem Vorraum stapeln zwei Arbeiter an einem Tisch jeweils dreißig Brötchen in eine große Plastikschaufel. Eine Plastiktüte wird darüber gezogen. Mit einem Ruck ist die Schaufel aus der Tüte. Ein paar geübte Handgriffe und die Brötchen sind verpackt - abholbereit zur Auslieferung. In fünfzehn Minuten kommt der erste Ausfahrer, um die Lieferung für den Norden der Stadt zusammenzustellen.

Um fünf Uhr fährt ein blauer Golf vor. Ein frisch gegelter Yuppie in Cowboystiefeln und Levis 501 springt in bewundernswerter Frische aus dem Wagen. Ein paar Begrüßungsfloskeln in Richtung Chef. Mit Schwung wird die Heckklappe geöffnet. »McKebap« prangt in großen Lettern darauf. In Windeseile werden Brötchenpakete verstaut. Unübersehbar: Hier geht ein aufstrebender Jungunternehmer unaufhaltsam seinen Weg. Timur, Mitte zwanzig, ist Selbstabholer, wie es im Firmenjargon heißt. Und er strotzt voller Tatendrang und Selbstbewusstsein. Natürlich laufe sein Laden gut. Sagt Timur. Leider hätten viele seiner Landsleute keine Ahnung vom Geschäft. Klagt er. Sie seien zu ungebildet, wüssten nicht, wie man einen Döner anständig serviert, präsentiert, Atmosphäre schafft. Sein Laden sei auf jeden Fall ein Glücksfall. Ein echter Ort der Begegnung. Die Kunden zufrieden. Wenn das seine Landsleute nur kapierten: liefert man Qualität, läuft das Geschäft. Er macht eine abwehrende Bewegung, zieht die Schultern ein, als müsste er die ganze Last des Dönermissbrauchs allein tragen. Er holt tief Luft, atmet kräftig aus. Es sprudelt aus dem jungen Mann heraus. Gern würde er sich noch weiter unterhalten. Aber leider – er schlägt die Heckklappe zu, springt ins Auto – müsse er los, runter in sein geliebtes Thüringen, nach Eisenberg, wo sein »McKebap«-Laden auf ihn wartet.

2019 hätte sich Timur den Weg von Thüringen nach Berlin sparen können. Inzwischen übernehmen Großbäckereien wie die Firma Aslan aus Kirkel bei Homburg mit ihrer Fahrzeugflotte die Belieferung der Imbisse im Land. 200 000 Mini-Fladenbrote und Fladenbrote werden hier täglich produziert – und damit rund zehn Prozent des täglichen Bedarfs an Teigtaschen für Deutschlands beliebtestes Fast Food, den Döner Kebap.

# 7.
# DAS A B C DES DÖNER KEBAPS

**A wie Ayran**

Ayran ist ein türkisches Erfrischungsgetränk und wird aus Joghurt, Wasser und Salz hergestellt. Ein Döner ohne Ayran ist nur ein halber Genuss.

**B wie Bursa und Berlin**

Die weltweite Erfolgsgeschichte des Döner Kebaps ist untrennbar mit diesen beiden Städtenamen verbunden. Bursa ist eine der zwei Städte, in der im 19. Jahrhundert der Döner erfunden wurde. Berlin ist die Stadt, von der aus der Siegeszug des Döners zunächst durch Deutschland, dann Europa und schließlich durch die ganze Welt begonnen hat.

**C wie Chicken-Döner**

Mit BSE, dem Rinderfleischskandal, wurde der Chicken-Döner, der aus Puten- oder Hähnchenfleisch hergestellt wird, ab 1996 populär. Heute besteht jeder zweite Döner in Deutschland aus Geflügelfleisch.

**D wie Dürüm**

Dürüm ist ein Wrap aus Yufka-Fladenbrot, der mit Dönerfleisch, Salat, Soße und anderen Zutaten gefüllt wird. Dürüm ist Türkisch und heißt auf Deutsch »gerollt«. Den Dürüm gibt es erst seit Ende der Neunzigerjahre, ebenso die Dönerbox, in der Döner mit Pommes, Gemüse und Soße serviert und mit einer Gabel gegessen wird. Beide sind Kreationen aus Deutschland.

**E wie Europa**

Bis zu 3000 Tonnen Dönerfleisch werden in den 49 Ländern des Kontinents täglich verzehrt. In zwanzig Ländern werden Dönerspieße produziert – oft unter Beteiligung von deutsch-türkischen Unternehmern. Der Großteil wird in Deutschland produziert, danach folgen Polen und die Niederlande. Die Vorlieben, wie der Döner gegessen wird, sind sehr unterschiedlich. In Belgien gibt es bis zu 25 verschiedene Soßen, in England verkaufen vor allem Inder, Pakistani und Bangladeschi den Döner – sehr scharf, mit viel Gewürz. In Spanien verdoppelt sich der Dönerkonsum im Sommer, wenn die Touristen aus Deutschland kommen.

**F wie Fladenbrot**

Döner und Fladenbrot sind untrennbar miteinander verbunden. Diese Kombination, auch die Art des Pides, ist eine Erfindung türkischer Gastarbeiter. In der Türkei verwendete man für das Dönersandwich in den Siebziger- und Achtzigerjahren, bisweilen bis heute, ein Sandwich, also ein längliches Weißbrot.

**G wie Gyros**

Der Gyros ist der griechische Bruder des Döners. Er besteht allerdings aus Schweinefleisch und ist grober geschichtet als der Döner. Den Gyros gab es bereits vor dem Döner in Deutschland, er wurde aber nicht so populär.

**H wie Hawaii**

Der Döner Hawaii ist ein origineller und verwegener Beitrag Ostdeutschlands zur Entwicklung des Döners. Er wurde nach der Wende zunächst im Osten Deutschlands in Analogie zum Toast Hawaii kreiert – also mit Ananas aus der Dose. Inzwischen gibt es den Döner Hawaii auch im Westen des Landes.

**I wie Iskender**

Den Iskender Döner gibt es nur als Tellergericht und er ist nach wie vor die beste und geschmackvollste Art, Döner Kebap zu essen. Er wird auf gewürfeltem und geröstetem Brot serviert und mit heißer Butter beträufelt. Wahlweise mit oder ohne Joghurt. Kreiert wurde er 1867 von dem Koch Iskender in Bursa.

**J wie Joghurt**

Joghurt spielt im Dönerkosmos eine wichtige Rolle, sei es als Grundlage für das ideale Begleitgetränk, den Ayran, oder als Beilage beim Döner als Tellergericht. Siehe Iskender.

**K wie Knoblauchsoße**

Knoblauchsoße zum Döner ist ein Klassiker in Deutschland. Das Verbot des Verzehrs von Döner und anderen Speisen im öffentlichen Nahverkehr ist eine zivilisatorische Errungenschaft, die es zu verteidigen gilt.

**L wie Lammfleisch**

Döner aus Lammfleisch gibt es in Deutschland im Gegensatz zur Türkei so gut wie nicht. Leider.

**M wie Messer**

Das Dönermesser hat eine Klingenlänge von rund 55 Zentimetern und eine Breite von fünf Zentimetern. Es erfordert großes Geschick und Erfahrung, mit diesem Messer dünne, durchgebratene Fleischscheiben vom Dönerkegel zu schneiden.

**N wie Neonazis**

Neonazis haben versucht, die Ausbreitung des Döners in Deutschland mit Gewalt gegen die Dönerimbisse und ihre Betreiber zu verhindern. Sie sind gescheitert.

**O wie Osmanisches Reich**

Nicht die Türkei, sondern das Osmanische Reich, das sich vom Balkan über die Türkei über weite Teile des arabischen Raums erstreckte, ist der Geburtsort des Döners und auch seiner Geschwister Schawarma und Gyros.

**P wie Phosphat**

Phosphat ist für die Produktion des Hackfleischdöners unerlässlich. Ein Verbot, wie es die Grünen 2017 im Europaparlament durchsetzen wollten, wäre das Ende des Döners, wie wir ihn kennen, denn ohne Phosphat würde der Hackfleischdöner am Spieß zerbröseln.

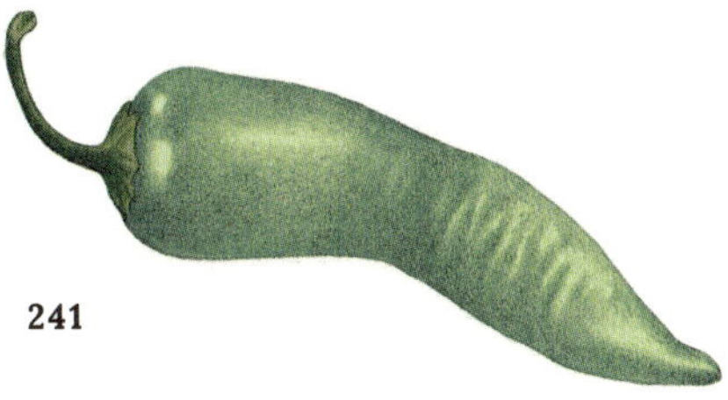

**Q wie Qualitätssiegel**

Bis heute ist es der Dönerbranche in Deutschland nicht gelungen, sich auf ein Gütesiegel zu einigen, das einheitliche Qualitätsstandards für den Döner Kebap festlegt. Trotzdem hat sich die Qualität des Döners in den letzten Jahren wieder enorm verbessert.

**R wie Rotkohl**

Rotkohl hat im Döner eigentlich nichts zu suchen und ist eine Erfindung aus Deutschland.

**S wie Schawarma**

Schawarma ist der arabische Zwillingsbruder des Döners und wird in letzter Zeit immer beliebter. Manche behaupten gar, der Schawarma sei der Döner von morgen, was hier bezweifelt wird.

**T wie Türkei**

Ohne Einwanderung aus der Türkei kein Döner in Deutschland und im restlichen Europa. Bis heute ist die Verkehrssprache unter den Dönerproduzenten in Europa Türkisch. Auch die Artikel in Publikationen und auf den Homepages der Dönerverbände erscheinen fast ausschließlich auf Türkisch.

**U wie Umsatz**

Die World Döner Summit (Dünya Döner Zirvesi), die jährlich eine Messe für Dönerproduzenten aus aller Welt veranstaltet, behauptet 2019 auf ihrer Homepage, dass weltweit täglich 500 Millionen Portionen Döner gegessen würden, die Branche weltweit jährlich 30 Milliarden Euro umsetze, es 1000 Dönerproduzenten weltweit gebe, davon 600 in Deutschland, und 60 000 Dönerläden in Deutschland betrieben würden. Keine dieser Zahlen ist richtig, alle sind maßlos übertrieben und nichts Weiteres als Wunschdenken.

**V wie Vöner**

Vöner ist der Name eines Restaurants in Prenzlauer Berg, in dem es schon 2007 den ersten veganen Döner gab. Fleischlose Döner werden deutschlandweit immer beliebter. Ein fleischloser Döner ist wie Wein ohne Alkohol.

**W wie Weltmeister**

Die Deutschen sind Weltmeister im Dönerkonsum. Nirgendwo, auch nicht in der Türkei, wird pro Kopf so viel Döner gegessen wie zwischen Nordsee und den Alpen.

**X wie Xanten**

Xanten hat 21500 Einwohner und sieben Dönerverkaufsstellen. Mit einem Dönerstandort pro 3000 Einwohner ist Xanten somit im bundesweiten Vergleich überdurchschnittlich gut mit Döner versorgt. Der Bundesdurchschnitt liegt bei einem Dönerstandort pro 4500 Einwohner.

**Y wie Yaman**

Renan Yaman war ein Meisterkoch aus Istanbul, der seit 1971 in Berlin lebte und hier 2012 verstarb. Er erforschte die Geschichte des Döner Kebaps. Auch dieses Buch verdankt ihm viel.

**Y wie Yaprak**

Yaprak-Döner, auf deutsch »Blatt-Döner« oder »Scheiben-Döner« ist eine inzwischen auch in Deutschland verbreitete Bezeichnung für traditionell hergestellten Döner aus geschichteten Fleischscheiben ohne Hackfleischanteil.

**Z wie Zwiebeln**

Sie dürfen im Gegensatz zu Salat und Rotkohl in keinem guten Döner fehlen.

## Anmerkungen

1 »Mustafa's Gemüse Kebap« – das war über viele Jahre ein recht unscheinbarer, etwas abgeranzter Imbisswagen unmittelbar am Eingang zum U-Bahnhof Mehringdamm in Berlin gelegen. Die Bude führte ein armseliges Dasein im Schatten des 30 Meter entfernt gelegenen »Curry 36«, dem weltweit bekanntesten Currywurst-Imbiss Berlins. Das sollte sich ab 2007 ändern. Die beiden Studenten, Dominic Czaja und Joachim Bosse fragten den Eigentümer von »Mustafa's Gemüse Kebap«, ob er seine Imbissbude zu Studienzwecken und für eine Seminararbeit zur Verfügung stellen würde. Die beiden mussten ein Werbekonzept entwickeln. Das Ergebnis war das bis heute unverwechselbare Corporate Design – mit Logo, einem unverwechselbaren Schriftzug und einer überraschend lustigen Homepage. So ausgestattet konnte der Siegeszug von »Mustafa's Gemüse Kebap« beginnen.

Endgültig zum weltweiten Kult wurde »Mustafa's Gemüse Kebap« allerdings erst vier Jahre später. In Berliner Programmkinos lief 2011 ein 41 Sekunden langer Werbeclip. Der war originell, lustig, überdreht und abgefahren: Eine junge Frau in weißem Sommerkleid sitzt inmitten von goldgelben Weizenfeldern glückselig lächelnd auf einer Holzbank. In den Händen hält sie einen prall gefüllten Döner, den sie zum Mund führt und küsst. Ein Kameraschwenk zeigt einen Mann, der im Weizenfeld knackige Möhren, Paprika und Zwiebeln erntet. Vier Männer mähen das von sanftem Sonnenlicht beschienene Getreide mit Sensen per Hand. Und Kara Tarik, wie Mustafa im echten Leben heißt, steht hinter einem Berg Gemüse. Die Botschaft des Clips lautet: draußen, »in der Region«, auf dem Brandenburger Land, prüft der Imbissbuden-Betreiber vom Mehringdamm 32 eigenhändig die Qualität des Gemüses. Kein Wort von den Tieren, die ja auch für den Döner sterben und die eigentliche Grundlage jedes Döners sind. Der Spot ist eine offensichtliche Persiflage auf die Werbung von Hipp-Babynahrung. Er schreibt Marketinggeschichte und geht via YouTube und sozialer Medien schnell viral und ist bis heute das Fundament des Mythos »Mustafa's Gemüse Kebap«. Der Werbeclip war übrigens die erste professionelle Arbeit der beiden Gründer der Werbeagentur Dojo, die in den Folgejahren ebenfalls recht erfolgreich wurde.

2 Kai Röger, »Kebab für Gourmets«, in: *Der Tagesspiegel Online*, 7. Oktober 2016.

3 Eberhard Seidel, *Unsere Türken. Annäherung an ein gespaltenes Verhältnis*, Berlin 1995, S. 8–10 und S. 181–191.

4 Wenn ich im Folgenden von den »Deutschen« spreche, meine ich Deutsche ohne Migrationshintergrund, also jene, die von Deutschen mit Migrations-

hintergrund mitunter liebevoll »Kartoffeln« genannt werden, die also die Mehrheit bilden. Natürlich sind auch alle anderen Deutsche, die eben Deutsche sind, aber anders als die »Kartoffeln« einer Minderheit angehören.

5 Wenn ich von einem türkischen Kulturverein spreche, dann ist mir bewusst, dass die Mitglieder zu 50, 60 oder auch 100 Prozent Deutsche sein können, diese aber aufgrund familiärer Hintergründe sich eben in einem türkischen Kulturverein und nicht in einem sudetendeutschen organisieren.

6 »Ausländervereine« sagt man heute eigentlich nicht mehr, 1996, als ich mein erstes Buch zur Kulturgeschichte des Döner Kebaps veröffentlichte, allerdings schon. Dieses Buch bietet für aufmerksame Leserinnen und Leser an der einen oder anderen Stelle also einen zusätzlichen Gewinn bezüglich der Entwicklung von Bezeichnungen für Gruppen.

7 Maren Möhring, *Fremdes Essen. Die Geschichte der ausländischen Gastronomie in der Bundesrepublik Deutschland*, München 2012, S. 13.

8 Das Manifest der Gruppe wurde am 28. Januar 1999 auf der Debattenseite der *taz* veröffentlicht. Mit dem Manifest ergriffen die Kinder der Eingewanderten selbst das Wort, wurden zu Akteuren des Diskurses und griffen den Paternalismus des Redens über Migranten frontal an – mit Theorie, Kunst, Kreativität und Eloquenz.

9 Wahlweise auch Biodeutsche oder Kartoffeldeutsche genannt.

10 Stand 4. November 2021: https://www.amadeu-antonio-stiftung.de/todesopfer-rechter-gewalt/.

11 *Der Tagesspiegel*, 3. Juni 1956.

12 Ebd.

13 Amtlich verbriefte Zahlen zu den Dönerimbissen und Dönerrestaurants gibt es nicht. Weder der Verband der Europäischen Dönerhersteller noch einzelne Dönerproduzenten verfügen über verlässliche Zahlen. Seit über zehn Jahren gibt es auch keine Forschung mehr zur sogenannten ethnischen Ökonomie. Forschungseinrichtungen wie das Zentrum für Türkeistudien in Essen, die in der Vergangenheit Studien zum Dönerkonsum erstellten, setzen inzwischen andere Schwerpunkte. Auch das Statistische Bundesamt erfasst nur die selbstständigen Betriebe mit türkischem Migrationshintergrund, was von der Anwaltskanzlei über den Dönerimbiss bis zur Zahnarztpraxis alles sein kann: 2017 gab es knapp 100 000 solcher Betriebe. Das Branchenverzeichnis »Dönerci. Avrupa Dönerciler Rehberi 2017/2018« nennt die Zahl von 25 000 Dönerimbissen und türkischen Restaurants, was eine Dönerverkaufsstelle pro 3280 Einwohner bedeuten würde. Das erscheint dann doch zu hoch gegriffen. Viele Medienberichte nennen die Zahl 16 000, die erstmals 2010 in der Berichterstattung auftauchte. Dies entspräche einem

Dönerimbiss bzw. einem türkischen Restaurant pro 5200 Einwohner. Das wiederum ist etwas niedrig gegriffen.

Eine Plausibilitätsprüfung und Stichprobenzählung von Dönerimbissen und türkischen Restaurants in Klein- und Mittelstädten, Großstädten über 100 000 Einwohnern und in Stadtteilen von Metropolen wie Hamburg, Frankfurt und Berlin mittels Google Maps ergeben: Eine deutschlandweite Dichte von einem Dönerimbiss beziehungsweise einem türkischem Restaurant pro 4500 Einwohner ist realistisch. Das wären bei 83 Millionen Einwohnern etwa 1800 Verkaufsstellen. Berlin liegt mit einem Schnitt von 2250 Einwohnern pro Dönerverkaufsstelle erwartungsgemäß deutlich über diesem Schnitt. Eine überdurchschnittliche Dönerdichte haben auch Unistädte wie Marburg, Würzburg oder Tübingen, wo es eine Dönerverkaufsstelle pro 3500 Einwohner gibt. Städte wie Hoyerswerda mit einem Dönerladen pro 4500 Einwohner liegen damit exakt im Bundesdurchschnitt. Im rechtsextrem belasteten Freital in der sächsischen Schweiz ist die Dönerdichte unterdurchschnittlich. Hier kommen im November 2018 sieben Dönerimbisse auf 40 000 Einwohner, was einem Schnitt von 5700 Einwohner pro Dönerverkaufsstelle entspricht. Jede Dönerverkaufsstelle verkauft nach konservativer Schätzung auf Basis von Feldforschung und Selbstauskünften von Dönerproduzenten und Imbissbetreibern einen Spieß mit durchschnittlich mindestens 30 kg (manche weniger, viele deutlich mehr). Bei einem durchschnittlichen Fleischanteil von 200 g pro Dönerportion (vor zwanzig Jahren waren es deutlich weniger), bedeutet dies täglich durchschnittlich 150 verkaufte Döner-Sandwiches pro Verkaufsstelle. Bei 18 500 Verkaufsstellen wären das täglich 2 775 000 verkaufte Dönerportionen. Bei 365 Verkaufstagen im Jahr wären das dann 1 012 875 000, also über eine Milliarde Dönerportionen.

14 »So viele Döner werden täglich in Berlin verkauft«, *Berliner Zeitung*, 12. Oktober 2016.

15 Drei Jahre später, nach zwei Jahren Corona und den damit einhergehenden massiven Einbrüchen im Fastfood-Bereich, spricht der Verein Türkischer Dönerhersteller in Europa auf seiner Website von einer europäischen Tagesproduktion von 400 Tonnen, siehe {www.atdid.de}, abgerufen am 28. November 2021.

16 Uns liegen auch aktuellere Zahlen aus dem Jahr 2020 vor. Allerdings ist der Umsatz in diesem Jahr coronabedingt massiv eingebrochen, weshalb wir auf die Zahlen des Jahres 2018 zurückgreifen.

17 *Die tageszeitung*, 5. Oktober 1990.

18 Peter Heine, *Kulinarische Studien. Untersuchungen zur Kochkunst im arabisch-islamischen Mittelalter*, Wiesbaden 1988.

19 Hedda Reindl-Kiel, »Wesirfinger und Frauenschenkel. Zur Sozialgeschichte der türkischen Küche«, in: *Archiv für Kulturgeschichte*, Band 77, Heft 1, Köln/Weimar/Wien 1995, S. 61.

20 Helmut von Moltke, *Unter dem Halbmond. Erlebnisse in der alten Türkei*. 1835–1839, Tübingen 1981, S. 109.

21 Ebd., S. 342.

22 Renan Yamans Quellenforschung zur Genesis des Döner Kebaps ist niedergeschrieben in dem Aufsatz »Döner Kebabi hikayesi«, veröffentlicht in: *Türk Mutfak Kültürü Üzerine Arastirmalar*, Ankara 1993, S. 92–102.

23 Döner Kebap, in: *Kültür Bakanlığıi Türk Halk Kültürü Araştırmaları* (Untersuchungen über die Kultur des türkischen Volkes, Kulturministerium), 1990/1, *Türk Mutfağı* (Die türkische Küche) Sondernummer, S. 109.

24 Iskender Efendi hat sein weltberühmtes Lokal 1867 in Bursa eröffnet, siehe {www.iskender.com.tr}.

25 Hedda Reindl-Kiel, a. a. O., S. 60.

26 Renan Yaman hat 1996, zur Präsentation meines Buches *Aufgespießt. Wie der Döner über die Deutschen kam*, einen kunstvollen Döner Kebap à la Yaman zubereitet. In den Nullerjahren hat er seine Forschung, Erkenntnisse und Gedanken zur Entwicklung der türkischen Küche im Internet auf Türkisch veröffentlicht, wo sie bis 2019 noch unter {www.renanyaman.de} nachzulesen waren.

27 Eine Beschreibung des mechanischen vertikalen

Grillspießes findet sich bei Fuat Sezgin, *Wissenschaft und Technik im Islam, Band V: Physik und Technik*, S. 37 f., 2003.

28 »Taqi ad-Din«, {https://de.wikipedia.org/wiki/Taqi_ad-Din}, abgerufen am 11. September 2021.

29 Ebd.

30 Ömer Erzeren: »Sieh doch die Lebendigkeit ... bei McDonalds«, in: *die tageszeitung*, 22. November 1990.

31 Manti sind eine Art türkischer Tortellini, die mit Hackfleisch oder Linsen gefüllt sind und mit Joghurt gegessen werden.

32 Eberhard Seidel, *Unsere Türken. Annäherung an ein gespaltenes Verhältnis*, Berlin 1995, S. 8.

33 Maren Möhring, *Fremdes Essen. Die Geschichte der ausländischen Gastronomie in der Bundesrepublik Deutschland*, München 2012, S. 424. Als Quelle zitiert Möhring einen Artikel aus dem Jahr 1960: »Döner Kebab. Türkischer Spießbraten am Holzkohlefeuer«, In: NGZ 13/15 (1960), S. 26–28.

34 Maren Möhring, a. a. O., S. 410 f.

35 Gerd Rüdiger, *Currywurst. Ein anderer Führer durch Berlin*, Berlin 1995, S. 17.

36 Reinhard Fischer, »Berliner Döner-Schnellimbiss«, in: Fred Scholz (Hrsg.), *Die räumliche Ausbreitung türkischer Wirtschaftsaktivitäten in Berlin (West) – Schnellimbisse, Restaurants, Gemüseläden*. (Occasional Paper Geographie: *Türkische Wirtschaftsaktivitäten in Berlin*, Heft 5). Berlin 1990.

37 In den Räumlichkeiten befindet sich seit drei Jahren nicht mehr McDonald's, sondern Risa Chicken. Das ist eine Fast-Food-Kette, die 2004 von einer deutsch-libanesischen Unternehmerin gegründet wurde und Halal-Produkte anbietet, also Fleisch von geschächteten Tieren. Jahrelang war Risa ein Geheimtipp in der Neuköllner Sonnenallee. Mit der Eröffnung der Filiale gegenüber dem Bahnhof Zoo in unmittelbarer Nähe zum Ku'damm ist die Kette nicht nur im Herzen von Berlin, sondern auch in sechs weiteren Filialen in der Hauptstadt präsent. Das Risa ist beliebter Treffpunkt der postmigrantischen Jugend und wie der Döner sichtbares Zeichen des kulturellen und demografischen Wandels in Berlin.

38 Jochen Blaschke/Ahmet Ersöz, *Herkunft und Geschäftsaufnahme türkischer Kleingewerbetreibender in Berlin*, Berlin 1987, S. 37.

39 Detlef Bischoff/Werner Teubner, *Zwischen Einbürgerung und Rückkehr. Ausländerpolitik und Ausländerrechte der Bundesrepublik Deutschland*, Berlin 1990, S. 91.

40 Ein Euro entspricht etwa 1,96 Mark (DM).

41 Efsun Kızılay, *Migration und Arbeitskämpfe. Ein Blick zurück in die Zeit der ›Gastarbeiter*innen‹ und ihre Kämpfe in der* BRD *der* 1970*er Jahre*, Online-Publikation der Rosa-Luxemburg-Stiftung, August 2020.

42 Günter Wallraff, *Ganz unten*, Köln 1988, S. 31.

43 Ebd., S. 36.

44 Markstein, »Schnelle Bierchen oder auf die Weltreise warten«, in: *die tageszeitung*, 22. März 1990.

45 Petra Schrott, »Wir halten offen, solange gekauft wird«, in: *die tageszeitung*, 13. November 1989.

46 Stefan Kuschel, »Als die Ossis beim Türken Broiler bestellten«, in: *Der Tagesspiegel*, 21. September 1993.

47 Mehmed, der in Wirklichkeit anders heißt, hat Berlin aus Frust über den grassierenden Rassismus Ende der Neunzigerjahre verlassen und lebt seitdem als erfolgreicher Filmemacher in Istanbul.

48 Teile der Langzeitreportage zu Ursula Bielack und Izzet Aydoğdu sind erstmals am 2. Oktober 1999 in *die tageszeitung* unter dem Titel »Kebabträume im wilden Osten« erschienen.

49 Mohamed Amjahid, »Im Visier. Migrantische und jüdische Restaurants stehen immer wieder im Fokus rassistischer und antisemitischer Attacken. Nun organisieren sich Betroffene«, in: *taz online* vom 18. Mai 2021.

50 Thomas Bürk-Matsunami, Beate Selders, (unter Mitarbeit Ercan Yaşaroğlu), »Fremdenfeindliche und rechtsextreme Übergriffe auf Imbissbuden im Land Brandenburg. Ein Forschungsbericht«, Opferperspektive, ohne Jahreszahl, online abrufbar unter {www.opferperspektive.de/wp-content/uploads/2014/04/Anschlaege_Imbissbuden.pdf}.

51 Ebd., S. 92.

52 Ebd.

53 Opferperspektive e. V. (Hrsg,), »Angriffsziel Imbiss. Rechte Gewalt gegen Imbissbetreiber mit Migrationshintergrund«, Potsdam 2005, S. 22–24, online abrufbar unter {www.opferperspektive.de/wp-content/uploads/2014/04/Angriffsziel_Imbiss.pdf}.

54 Elisabeth Klappheck, »Döner-Phobie – Kollektive Einbildung vorm Futternapf«, in: *die tageszeitung*, 10. November 1988.

55 Franz R. Schullerus, »Herstellung und Inverkehrbringung von Döner Kebap«, in: *Amtstierärztlicher Dienst und Lebensmittelkontrolle*, 2. Jahrgang 1/1995.

56 Josef Jöckel/Gerhard Stengel, »Döner Kebap. Untersuchung und Beurteilung einer türkischen Spezialität«, in: *Fleischerwirtschaft* 64 (1984), S. 535.

57 Timur Tinç, »Was in den Kebab hineindarf – und was nicht«, in: *Frankfurter Rundschau*, 24. Februar 2012.

58 *Augsburger Allgemeine*, 26. August 2008.

59 Sebastian Heise, »Von Ekelfleisch und Döner-Mafia«, *Focus Online*, 9. Dezember 2006.

60 Christian Fuchs, »Wie der Begriff ›Döner-Morde‹ entstand«, *Spiegel Online*, 4. Juli 2012.

61 In diesem Buch habe ich alle Betriebe, die ich beschreibe und erwähne, im Zeitraum von 1988 bis 2019 vor Ort besucht – mit Ausnahme von »Dünya Döner Kebab«. Auf meine für 2020 und 2021 geplante Rechercheреise in die polnische Stadt Zduny musste ich aufgrund der Corona-Pandemie verzich-

ten. Die nachfolgenden Informationen entnehme ich der Reportage »Die größte Dönerfabrik Europas« von *Galileo*, die am 12. September 2018 ausgestrahlt wurde, dem 30-minütigen Film »Dünya Döner Kebab 2017«, der Firmenhomepage sowie weiteren Internetrecherchen bis zum Herbst 2021.

62 Ayşe Çağlar, Rezension zu: *Aufgespießt. Wie der Döner über die Deutschen kam*, in: Buchzeit, Sender Freies Berlin, 29. Mai 1996, Sendemanuskript.

63 Ebd.

64 »Fast Food: Döner-Franchisekette wird kommen«, *Welt Online*, 26. September 2016.

65 Ebd.

66 Ebd.

67 Adil Gürbüz, »Zoff ums Fladenbrot«, *die tageszeitung*, 11. Juli 1992.

68 Pressemitteilung des Zentrums für Türkeistudien, »Fladenbrot macht nicht nur satt, sondern auch reich. Drei ehemalige ›Gastarbeiter‹ eröffnen in Bochum eine Brotfabrik«, Essen, 15. September 1995.

69 Pressemitteilung des Zentrums für Türkeistudien, »Information über türkische Bäckereibetriebe in NRW. Türken im Back-Business«, Essen, 14. September 1995.

*Eberhard Seidel*, 1955 in Sommerhausen geboren, studierte Soziologie und lebt in Berlin. Er hat viele Jahre als freier Journalist gearbeitet, war dann Meinungsredakteur und Leiter des Inlandsressorts der *taz*. Seit 2002 ist er Geschäftsführer der Initiative »Schule ohne Rassismus – Schule mit Courage«. Er ist Autor von Büchern über Migration, Islamismus, Rechtsextremismus und jugendlichen Subkulturen

Erste Auflage Berlin 2022


März Verlag GmbH
Göhrener Straße 7, 10437 Berlin
*info@maerzverlag.de*



Illustration, Satz, Einbandmotiv:
Laura Fronterré, Berlin
Lektorat: Friederike Sachs, Berlin
Einbandgestaltung: Barbara Kalender, Berlin

Druck und Bindung: Pustet, Regensburg
ISBN 978-3-7550-0004-4
*www.maerzverlag.de*